Monique Augras

TODOS OS SANTOS SÃO BEM-VINDOS

Rio de Janeiro

2005

PALLAS

© 2005 MONIQUE AUGRAS

EDITORAS
Cristina Fernandes Warth
Mariana Warth

PRODUÇÃO EDITORIAL
Bruno Cruz
Silvia Rebello

REVISÃO
José Iório de Moura
Vanessa Salustiano

PROJETO GRÁFICO
Direção de arte: Chris Lima / Evolutiva
Assistente: Aron Balmas / Evolutiva

FOTOS
Adelmo Lapa
Chris Lima (foto quarta capa)
Valéria Burke (foto Festa de São Benedito)

Foto da capa: São Elesbão (Adelmo Lapa)

Todos os direitos reservados à Pallas Editora e Distribuidora Ltda.
Não é permitida a reprodução por qualquer meio mecânico, eletrônico, xerográfico etc. de parte ou da totalidade do conteúdo e das imagens contidas neste impresso sem a prévia autorização por escrito da editora.

CIP-BRASIL. CATALOGAÇÃO-NA-FONTE
SINDICATO NACIONAL DOS EDITORES DE LIVROS, RJ

A932t

Augras, Monique, 1937
    Todos os santos são bem-vindos
/Monique Augras. – Rio de Janeiro : Pallas, 2005
    il. ;

Inclui bibliografia
ISBN 85-347-0378-7

1. Santos cristãos – Culto. 2. Rio de Janeiro (RJ) – Usos e costumes religiosos. 3. Sociologia cristã

05-1073   CDD 248.46
                           CDU 248.159

Pallas Editora e Distribuidora Ltda.
Rua Frederico de Albuquerque, 56 - Higienópolis
21050-840 - Rio de Janeiro - RJ
Tel.: 21 2270-0186
pallas@pallaseditora.com.br
www.pallaseditora.com.br

Monique Augras

TODOS OS SANTOS SÃO BEM-VINDOS

Rio de Janeiro

2005

Pallas

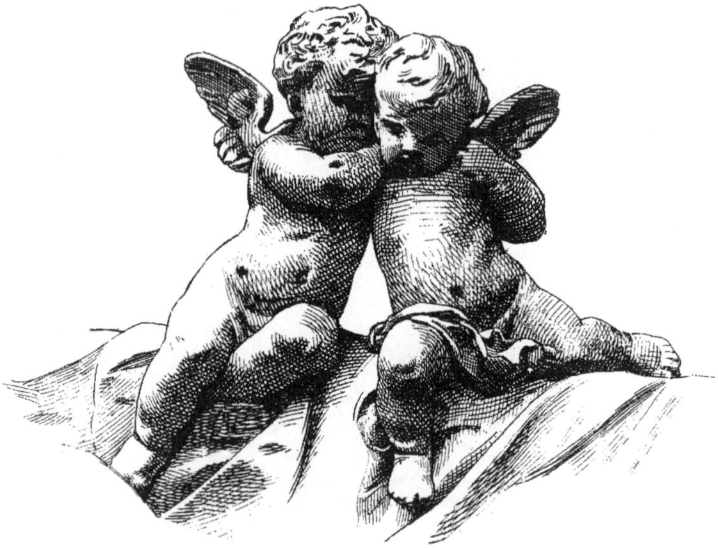

Para Bernard André Augras, meu pai.

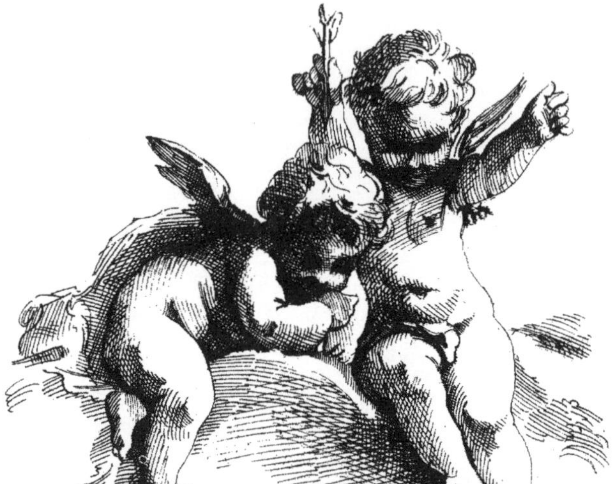

TODOS OS SANTOS SÃO BEM-VINDOS

"Essa casa tem quatro cantos.
Em cada canto tem um anjo:
São Pedro, São Paulo,
São Lucas e São Mateus.
No centro Jesus Cristo
E todos os seus..."
[de uma oração recolhida por Hildegardes Viana]

SUMÁRIO

Apresentação	11
Capítulo 1. O Lugar dos Santos	15
Capítulo 2. Mãe de Todos	25
Capítulo 3. Santos Negros	55
Capítulo 4. Monges e Guerreiros	83
Capítulo 5. Santas Mulheres	143
Capítulo 6. Brasileiros nos Altares	175
Referências Bibliográficas	192

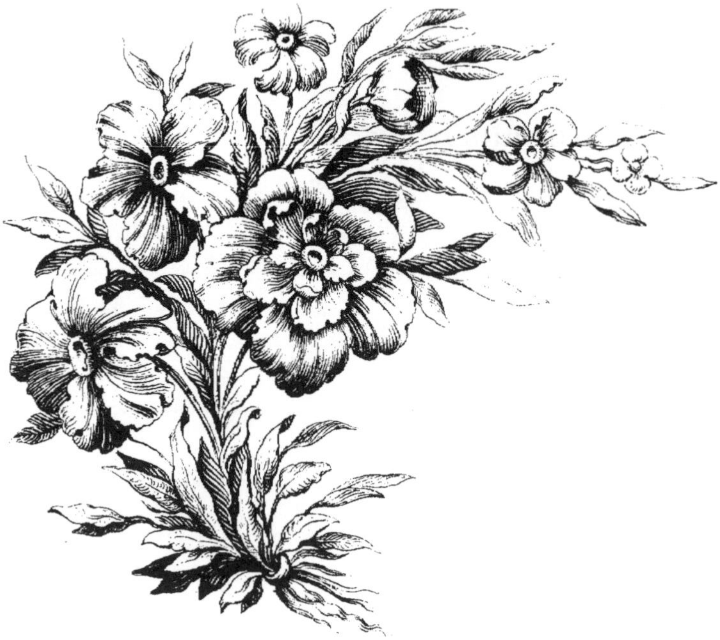

APRESENTAÇÃO

Este livro nasceu de uma pesquisa realizada na PUC-Rio ao longo de dois projetos sucessivos, *Existências lendárias: Hagiografia e subjetividade* (1998/2000) e *Socorro urgente: das almas benditas aos santos da crise* (2000/2003), que receberam, ambos, o apoio do CNPq. A idéia básica da pesquisa era estudar a maneira pela qual as pessoas se relacionavam com os santos de sua devoção, e o trabalho de campo consistiu na observação participante das práticas devocionais em algumas igrejas do centro da cidade do Rio de Janeiro. Para isso, pude contar com a dedicação constante e entusiástica de um grupo de alunos do Curso de Psicologia da PUC-Rio. Uns eram bolsistas de Iniciação Científica, outros eram simplesmente estudantes em cadeiras de Pesquisa, e alguns deles, até mesmo depois de formados, continuaram participando e trazendo observações, movidos pelo puro prazer de descobrir aspectos fascinantes da religiosidade brasileira. E permanecem até hoje colaboradores preciosos, contribuindo com sugestões para a feitura do presente livro. São eles: Joana de Vilhena Novaes, Renata Del Caro Daniel, Bruno Abifadel e Raviv Rosenkviat (bolsistas CNPq/IC), Heloísa Micheletti e Fernanda de Britto Pereira Esteves da Silva (bolsistas PIBIC/PUC), Carla da Silva Panetti, Adriana Soares Sampaio, Andrea Barbosa da Silva, Daniela Rodenbach, Dulcinea Nunes de Souza, Daniele Salomão, José Doriberto Freitas, Lorena Kim Richter, Luis Eduardo Granato Raulino, Maria de Fátima Carneiro Florim, Maurício Guedes e Ana Beatriz Frischgesell Fonseca.

Era também necessário entender o que representam os santos na Igreja Católica e saber um pouco de sua história. A Biblioteca da PUC-Rio, como não podia deixar de ser, oferece impressionante acervo de enciclopédias e tratados de teologia, além de obras raras, antigas e curiosas. Entre estas últimas, tive a felicidade de poder mergulhar nos 17 volumes de um compêndio publicado em

Paris no ano de 1880, aos quais, daí por diante, me referirei como dos *Petits Bollandistes*, mas cujo título completo, que traduzo a seguir, bem mostra a abrangência : *"Os Pequenos Bolandistas — Vida dos Santos do Antigo e do Novo Testamento, dos Mártires, dos Padres, dos Autores sagrados e eclesiásticos, dos Veneráveis e outras pessoas mortas em olor de santidade — Notícia sobre as congregações e ordens religiosas — História das Relíquias, das Romarias, das Devoções populares e dos Monumentos erigidos pela piedade desde o começo do mundo até hoje"*. Tirei também grande proveito da leitura de uma obra bem mais antiga, já que foi publicada na Itália em meados do século XIII, mas, verdadeiro *best-seller* da santidade, tem sido constantemente reeditado. Trata-se da *Lenda Áurea* de autoria do dominicano Jacopo da Varazze. Existem muitas publicações referentes às vidas dos santos, é claro, mas essas duas obras foram, de longe, as mais ricas e saborosas.

Já que a pesquisa, sobretudo no primeiro de nossos projetos, focalizara algumas igrejas específicas do centro do Rio de Janeiro, era também interessante saber algo da história dessas igrejas e dos locais onde se erguiam. Nesse ponto, a obra que trouxe mais informações, transcritas de modo mais vívido, foi, sem dúvida, o livro de Brasil Gerson, *História das ruas do Rio de Janeiro*.

É claro que muitos outros autores foram lidos, entre os quais vários cientistas sociais e historiadores forneceram o suporte teórico indispensável para a realização de qualquer trabalho acadêmico. Constam das referências bibliográficas que se encontram no fim deste volume.

Mas, ao redigir os respectivos relatórios destinados ao CNPq, por princípio sisudos e austeros, veio-me o desejo de transmitir, para o público mais amplo, algo das informações recolhidas e, sobretudo, algo do encanto dos nossos achados. Atualmente, estão se multiplicando publicações sobre os santos, na esteira da expansão mediática de determinadas devoções. Mas confesso que, naqueles livros recentes que pude folhear, pouca coisa encontrei daquilo que se lê nos autores mais antigos, para os quais os santos mais populares, ou mais locais, eram companheiros *vivos* e *reais* no caminho desta vida.

O que o leitor encontrará a seguir não é um tratado de hagiologia, não pretende ser exaustivo, nem sequer vai falar de todos os santos encontrados no decorrer da pesquisa. Deixando de lado, na medida do possível, os vícios acadêmicos e o estilo convencional, quero levá-lo a compartilhar essa jornada encantada pelos caminhos do imaginário popular. Na verdade, quanto mais penso no assunto, estou cada vez mais desconfiada de que "imaginário" é uma palavra contemporânea que, no fundo, serve para designar aquilo que, outrora, se chamava "o sagrado".

Capítulo 1

O LUGAR DOS SANTOS

"O mundo precisa de santos", esta afirmação foi constantemente repetida pelo Papa João Paulo II, que, ao longo do seu pontificado, multiplicou canonizações e beatificações.

Como se sabe, hoje em dia um processo de canonização leva geralmente muito tempo. Antigamente, era muito mais rápido e, por vezes, se passavam poucos anos entre a morte e a canonização. Um simples burguês italiano, não muito conhecido mas objeto de culto fervoroso por parte dos comerciantes da SAARA, região central da cidade do Rio de Janeiro, Santo Bom Homem de Cremona, morreu em 1197 e foi canonizado pelo Papa Inocente III em 1199, apenas dois anos depois de sua morte. É verdade que, como se verá adiante, era de uma caridade ímpar e, seguramente, o seu exemplo havia de ser proposto à veneração dos fiéis. Mas, em compensação, houve também processos que levaram *séculos*. Para continuar citando santos encontrados no decorrer de nossa pesquisa, a recordista, por assim dizer, foi Santa Rita de Cássia. Falecida em 1457, teve de esperar o ano de 1900 para ser proclamada santa! Quatro séculos e meio... Atualmente, a Igreja costuma ser muito prudente e cautelosa, e retorna a todos os aspectos do caso, antes de chegar a uma decisão.

São quatro as etapas hoje percorridas até se chegar à canonização: o primeiro "nível" é o de "servo de Deus". Isso significa que já se lhe podem dirigir orações. O segundo é de "venerável", que também inclui a categoria de "mártir". O terceiro, mais conhecido do que os precedentes, por constituir o último passo antes da canonização, é o nível de "beato", que exige, para o seu reconhecimento, que pelo menos um milagre tenha ocorrido devido à sua intercessão.

Por fim, são necessários dois milagres, para que o beato seja alçado à condição de "santo".

Mas é preciso lembrar que a Igreja não conta apenas com os santos dos altares. Todos aqueles que levaram uma vida totalmente cristã, mesmo que isso não tenha sido documentado e reconhecido oficialmente, são igualmente santos. De modo que, ao falar da "comunhão dos santos", está aludindo à totalidade das pessoas que, canonizadas ou não, fizeram de suas vidas o testemunho da presença de Deus.

Tanto é que, a rigor, todos nós deveríamos orientar nossa vida para o objetivo de nos tornarmos santos. Mas poucos conseguem, e, por isso mesmo, constituem exemplos. Ou seja, os santos canonizados foram "gente como a gente", mas tiveram a coragem de se entregar plenamente aos desígnios de Deus.

É a história de alguns deles, encontrados no decorrer da pesquisa, que contaremos aqui.

AS VIDAS DOS SANTOS

Por constituirem exemplos que todos nós deveríamos seguir, o cristianismo, desde a sua fundação, se preocupou em compilar e divulgar os relatos referentes às vidas dos seus santos. A essa forma peculiar de narrativa deu-se o nome grego de *hagiografia*[1]. É claro que a própria evolução desse tipo de relato acompanhou a história da Igreja e que nela estão presentes todos os ecos da história cultural e política da sociedade ocidental.

Antigamente era o consenso popular que designava, entre os contemporâneos recém-falecidos, aqueles cuja vida havia sido exemplar nesse aspecto e que, por conseguinte, deveriam ser declarados santos.

No início do cristianismo, santos eram essencialmente os mártires. Até hoje existem documentos escritos, muito antigos, consistindo em Atas dos tribunais roma-

---

1. De *hágios*, santo, e *grapho*, escrevo.

nos, que transcreviam todos os detalhes dos processos nos quais os primeiros cristãos eram réus, e suas condenações. Assim é que temos informações escritas sobre o processo de São Justino e seus companheiros, que ocorreu no ano de 165.

Os membros das primeiras comunidades cristãs se empenhavam também em divulgar relatos sobre a maneira exemplar de como os condenados aceitavam as torturas e a morte em nome de sua fé. A palavra "mártir", vem do grego *márturos*, que significa "testemunho". Ao sofrerem o martírio, os primeiros cristãos davam testemunho de sua inteira entrega a Deus. E os relatos daqueles que haviam presenciado os seus suplícios compunham cartas lidas por todos. Vários desses importantes documentos se conservaram até hoje, sendo que o mais antigo texto conhecido data de 156, e fala do martírio de São Policarpo.

Como se vê, naqueles tempos heróicos, reconhecer a santidade estava, por assim dizer, ao alcance de todos. E a proclamação do santo mártir se fazia a partir de informações relativamente fáceis de serem verificadas. Ocorreu, no entanto, que, ao longo do tempo, os relatos foram se carregando de detalhes inventados, fantásticos e maravilhosos. Não constitui ofensa à memória dos membros das primeiras comunidades cristãs supor que as cartas lidas eram comentadas, que as informações eram passadas de boca em boca, como se diz, e que, à medida que eram repetidas, acabavam se afastando do relato original, e se carregavam de elementos cada vez mais fantasiosos. Ora, toda fantasia tem uma dupla origem: de maneira disfarçada, expressa, ao mesmo tempo, temor e desejo.

Medo da morte e do sofrimento, desejo da vida eterna. O cristão comum precisa inventar modelos bem afastados do seu cotidiano para, ao mesmo tempo, reafirmar o valor do santo e fortalecer o seu próprio ânimo. O relato da vida dos mártires se transforma em legenda.

O cristianismo vai, aos poucos, ganhando mais adeptos e, em 312, o imperador romano Constantino (280?-337) tem, na véspera de uma batalha, uma visão da Cruz que lhe assegura a vitória. Mesmo assim, decorrerão mais alguns anos antes que o cristianismo se torne a religião oficial do Império romano.[2] Daí por diante, vão se multiplicar os santos e as legendas de santos. Inicia-se uma rica literatura sobre os eremitas do deserto e as tentações que sofrem. Em toda a cristandade mosteiros são fundados, e os monges se esmeram em pôr em destaque as virtudes insignes dos seus abades. Os relatos que então se disseminam descrevem vidas de austeridade, mortificação, virgindade e desapego do mundo. Mas esse elenco de virtudes nitidamente cristãs não impediu que, freqüentemente, ao serem divulgadas na sociedade mais ampla, as narrativas passassem a incluir elementos provenientes de tradições pagãs, antigas, que formavam o fundo das crenças ainda vigentes em meio rural.[3]

É preciso ter em mente que o grande empreendimento de evangelização da Europa, que só findou no século X, com a conversão dos povos escandinavos, não podia se limitar a um duplo movimento de anúncio da nova fé e repúdio das antigas. Em toda parte se encontram, é verdade, imagens representando algum santo vigoroso quebrando estátuas de deuses pagãos. Quando não é o caso — como veremos ao relatar a vida de vários evangelistas — de as próprias estátuas dos antigos deuses se jogarem, elas mesmas, ao chão, ao reconhecerem que não passam de simulacros, e que o seu tempo acabou.

Evangelho, em grego, quer dizer *boa nova*, boa mensagem. Proclamava-se uma nova palavra, uma nova organização do mundo, um novo sentido para a vida do homem. E essa proclamação bastaria, por si só, para acabar com todas as crenças e práticas que lhe antecederam.

Mas o fato é que as coisas não correram bem assim. As religiões antigas, e as modernas também, não são simples questões de foro íntimo. Elas são implantadas, divulgadas e perpetuadas pelo meio de instituições, das mais elementares às mais complexas, e as práticas religiosas são como que o cimento que une

---

2. Detalhe curioso: o próprio Constantino só se converteu na hora de sua morte, mais de vinte anos depois de "vencer pelo sinal da Cruz"...
3. Não podemos esquecer que a palavra "pagão" vem do latim *paganus*, "camponês". Aferrados às suas tradições, os camponeses, por muitos e muitos séculos, ainda manteriam ritos anteriores ao cristianismo, como, por exemplo, todas as práticas que pretendem assegurar a fertilidade dos campos.

as diversas partes do corpo social. A noção de que religião e sistema político são coisas separáveis é uma idéia moderna, própria do Ocidente. Para os antigos gregos, deuses e instituições não pertenciam a campos divergentes. O funcionamento da cidade (*pólis*, de onde vem a palavra "política") era intimamente entrelaçado com o culto dos deuses, e todo cidadão, *por* cidadão, era também crente. A divisão que hoje nos soa como tão evidente, tão *natural*, entre coisas sagradas e coisas leigas, era simplesmente impensável para os antigos. Recusar os deuses era recusar a ordem social.

Isso se viu bem claramente em Roma, quando o cristianismo se expandiu. O Império Romano era uma imensa colcha de retalhos, com povos e tradições extremamente diversos, e todas as crenças e práticas conviviam nele sem maiores problemas. A única exigência era, na ocasião das grandes festas anuais, a participação nos sacrifícios em honra ao imperador já que, a partir de Otávio Augusto — em cujo reino se inicia a era cristã —, a própria pessoa do imperador era considerada como sendo de essência divina. Culto da própria personalidade, é claro, mas sobretudo meio engenhoso de assegurar a unidade e a manutenção do império: o imperador era como que a encarnação do império. Oferecer-lhe sacrifício, como aos demais deuses, era o reconhecimento dessa função e, por conseguinte, constituía um importante elo de perpetuação do Império Romano.

Se os primeiros cristãos foram martirizados, isso não se deu — conforme a imagem que muitos relatos piedosos tendem a nos impingir — em função dos diabólicos caprichos de imperadores particularmente sádicos. Foi porque a sua recusa inequívoca de sacrificar nas festas em honra ao imperador constituía um ato inaceitável de oposição aos valores mais essenciais que mantinham o Império coeso. Motivo político, portanto, antes que religioso, mesmo porque os romanos, nos primeiros séculos de nossa era, parecem ter oscilado entre um sincretismo indiscriminado, que os levava a cultuar deuses oriundos de todas as partes do Império, de um lado, e o simples ceticismo, do outro. O grande orador e homem político Cícero dizia que não conseguia falar dos deuses sem rir. Para ele, como para muitos outros membros da elite romana, a religião era uma bobagem. Mas não deixavam de praticá-la, nem que fosse para não criar problemas. E as grandes damas do Império se entregavam ao culto exótico da deusa egípcia Ísis, enquanto os soldados se organizavam em sociedades secretas, inspiradas em antigos rituais orientais de sacrifícios. De início, o cristianismo foi visto como mais um culto oriental de mistérios e, numa percepção superficial, nada apresentava de particularmente ameaçador para as instituições do Império.

Mas, à medida que o número de cristãos foi se expandindo, isto é, quando foram ganhando uma visibilidade cada vez maior, verificou-se que sua crença se opunha claramente àquilo que constituíra o alicerce do Império. Celso, escritor romano do século II, se espantava: "É uma nova raça de homens sem pátria nem tradição... são contra todos os valores... não são cidadãos, são apenas crentes... desprezam as leis, os cargos públicos, a magistratura, as artes, a filosofia...". Contrários a tudo aquilo que assegurava a manutenção do Império, os cristãos tomavam feições de perigosos agitadores. Para o cidadão romano imbuído de todas as representações tradicionais, era difícil perceber a visão cristã do mundo. A absoluta novidade de sua proposta era tomada por ausência de valores. Na verdade, eram dois mundos que se confrontavam.

De tal modo que o imperador Sétimo Severo, no início do século seguinte, em 202, promulgou um édito de interdição do cristianismo. Mas, como se sabe, apesar das tentativas de extirpação, que tantos mártires produziram, e particularmente durante os reinados de Diocleciano (284-305) e dos seus sucessores imediatos, a expansão da nova fé foi se tornando avassaladora, até que, em 313, o imperador Constantino, pelo Édito de Milão, passou a assegurar, a todos os cristãos do Império Romano, a livre prática de sua religião.

Foi então que o ensino das virtudes cristãs foi se apoiando, cada vez mais, nos relatos exemplares da vida dos santos e que, ao se difundirem em todas as províncias do decadente Império, tais narrativas foram incorporando tradições locais, mitos antigos, até produzirem as lendas que hoje se encontram nos antigos textos hagiográficos.

As *Atas* dos martírios falavam de indivíduos concretos e precisos. Semelhantes na fé e nos sofrimentos, os mártires eram, contudo, diferenciados. Eram situados dentro de um lugar — a partir do qual se irradiava o relato — e de um tempo também claramente identificado. Para que o seu "testemunho" fosse válido era necessário que manifestasse a irrupção de Deus na história. Enquanto as religiões politeístas tradicionais viam o tempo de forma cíclica, em que tudo acontecia e voltava seguindo as leis de um eterno retorno, o cristianismo criou, a partir da herança judaica, a idéia de um tempo linear, reto, que se inicia com o nascimento do Cristo e acabará um dia. Será o fim da história, quando advirá a *Parousia*, ou seja, a presença concreta do divino. Contar a vida do santo mártir era, por conseguinte, relatar um segmento dessa história do mundo cristão, dentro do qual viviam pessoas ao mesmo tempo comuns e incomuns e que, por essa dupla pertença, propunham exemplos para serem seguidos.

Com a publicação das lendas douradas dos santos, a concretude e a especificidade desaparecem. O indivíduo singular some, para dar lugar a um personagem cujas características vão, ao longo do tempo, unificar-se, estereotipar-se, criando uma imagem repetitiva, totalmente idealizada. As vidas dos santos transformam-se em contos maravilhosos. Os santos deixam de ser "gente como a gente" para se transformar em heróis sobre-humanos, como veremos em vários episódios deste livro.

Mesmo quando fala de santos não muito afastados no tempo, a lista de milagres, cada vez mais extraordinários, substitui o relato factual. O medievalista francês Jacques Le Goff dá como exemplo a vida de São Bento, fundador em 528 da Ordem dos Beneditinos, comentada por São Gregório Magno. Embora tivesse, ele próprio, nascido no mesmo século, com a distância de apenas uma geração, o Papa Gregório se atém a um elenco de lugares-comuns e, ao descrever a infância de São Bento, enfatiza traços que, em tenra idade, já apontam para a santidade futura.

Nas lendas medievais, o santo deixa de ser um homem que, no uso do livre-arbítrio, resolve se entregar à vontade de Deus, e leva isso até as últimas conseqüências. Parece já ter sido enquadrado, desde o seu nascimento,[4] em um modelo estereotipado, repetido à exaustão pelos autores piedosos.

Até o século XI, a canonização se dava por consenso. Os bispos encaminhavam a proposta ao Papa, expressando o desejo das respectivas comunidades. É esta a origem do ditado *"vox populi, vox Dei"*: o consenso popular manifestava a vontade divina. Santo era quem todo mundo dizia que era santo. Por conseguinte, a tradição oral predominava e, sem dúvida, haveria de contribuir para a elaboração de histórias fantasiosas. A isso se acrescentava o desejo, bem legítimo, de cada comunidade ter os seus santos, os mais milagrosos e mais poderosos, de modo que os túmulos deles fossem objetos de constantes romarias. Belas igrejas eram construídas, e a cidade em volta se desenvolvia.

Os séculos XII e XIII, que representam o triunfo da institucionalização do catolicismo ocidental, com o estabelecimento da centralização romana, assistiram, nesse movimento, à implantação do monopólio papal para as canonizações. Estipulam-se regras para o atendimento dos processos de beatificação e canonização. Fixa-se um roteiro para os processos. Estes terão de constar de três partes principais: um resumo biográfico, o catálogo das virtudes do santo e a lista dos seus milagres. É preciso incluir testemunhos factuais sobre a vida do candidato. Documentos relativamente objetivos são solicitados. Os textos hagiográficos, em conseqüência, se tornam mais sistematizados, menos ricos talvez, e o elemento maravilhoso, ainda que permaneça, tende a tornar-se cada vez mais repetitivo e estilizado.

A partir do século XVI, marcado pelo movimento da Contra-Reforma, os relatos sobre a vida dos santos sofrem uma grande modificação. Estamos no início da era moderna, as preocupações científicas de objetividade e seriedade aparecem, e toda a literatura hagiográfica é submetida a uma revisão. Surge, em meio à Companhia de Jesus, a *Sociedade dos Bolandistas*,[5] que se dedica à análise

---

4. Assim é que se lê freqüentemente a história deveras edificante de santos e santas que, bebezinhos de colo, já costumavam recusar as mamadas, em espírito de mortificação...
5. Do nome de Jean van Bolland (1596-1665), jesuíta dos Países-Baixos.

crítica dessa literatura, no intuito de distinguir fatos históricos de lendas, e que permanece atuante até hoje.[6]

Separar o joio do trigo: os Bolandistas querem resgatar a dimensão histórica e terrena da vida dos santos. Na perspectiva cristã, o Cristo é o Senhor da História. Despojada dos seus enfeites fantásticos, a vida do santo revela em toda a sua singeleza o desenvolvimento progressivo da relação íntima que Deus estabelece com os homens.

Textos eruditos então se multiplicam. Procuram destrinchar quais os milagres que podem ser legitimamente atribuídos à intervenção divina na vida cotidiana, e quais os episódios inventados. Hippolyte Delehaye, eminente bolandista do início do século XX, que dedicou um livro àquilo que chama de "lendas hagiográficas", mostrou que os acréscimos fantasiosos se deviam em parte ao imaginário popular, sempre sedento de fatos extraordinários, e à transmissão oral dos relatos, mas que provinham também da transmissão escrita.

Lembra que os escribas medievais se empenhavam em produzir textos à altura das tradições eruditas, e se comprazia em embelezar os relatos pela inclusão de episódios diretamente extraídos da história e da literatura antigas. O historiador medieval, diz ainda Delehaye, se encontra a meio caminho entre o mestre de retórica e o poeta. A exigência de rigor não existe. Nem é preciso ser original: colagens, plágios, falsificações deliberadas ou simples licenças poéticas contribuem para afastar os relatos de qualquer verossimilhança.

Ao mesmo tempo, contudo, é muito difícil avaliar em que fica a situação de um santo sobre a vida do qual só se dispõe de tradições lendárias. Houve, no decorrer do século XX, algumas tentativas para acabar com o culto de santos por demais lendários. Foi o caso de São Jorge, cuja vida, é verdade, parece estreitamente inspirada no mito grego de Perseus. Mas o fervor popular decidiu de

---

6. Os seus trabalhos foram suspensos em 1773, devido à expulsão dos jesuítas de Antuérpia, mas foram retomados a partir do ano de 1836. A sua primeira publicação, *Acta Sanctorum*, deu-se em 1643, início de uma vastíssima produção que, com o nome de *Flos Sanctorum*, comporta hoje perto de 100 volumes *in-folio*. Publica regularmente resumos de pesquisas, *Subsidia Hagiographica*.

outro modo, e ainda que nada se tenha hoje que possa assegurar que São Jorge realmente existiu, continua sendo cultuado em toda a cristandade.

Por mais que se possam ter dúvidas a respeito da verossimilhança de certos relatos hagiográficos, não devemos esquecer que aqui não se trata de objetividade científica, mas de crença. Os aspectos históricos são precários, mas nem por isso o valor das lendas maravilhosas pode ser desprezado. Foi precisamente ao ler narrativas fabulosas sobre vidas de santos que o soldado Inácio de Loyola resolveu consagrar-se "à maior glória de Deus". É o caso de citar o dito popular: "Deus escreve certo por linhas tortas"...

Linhas tortas, caminhos encantados... Nos capítulos que seguem, o leitor encontrará histórias fantásticas e dados comprovados. No decorrer da pesquisa, várias vezes aconteceu que santos que nos pareciam completamente lendários se revelaram personagens históricos devidamente documentados, ao passo que outros santos, mais conhecidos, apresentavam contornos que se iam tornando cada vez mais nebulosos. De tal modo que os capítulos foram organizados da maneira que mais conveniente pareceu, a partir dos achados da pesquisa: primeiro a Virgem Maria, que, no culto católico, ocupa um lugar muito peculiar; em seguida, os santos negros, pela importância que tiveram na origem de nossa pesquisa; depois, uma miscelânea organizada apenas a partir dos modelos sociais oferecidos aos devotos — santos homens, monges ou guerreiros, e mulheres santas, donzelas ou senhoras.

Nem poderíamos separar santos lendários ou históricos, antigos ou modernos. Quer sejam escondidos na intimidade dos oratórios ou divulgados pela mídia, todos dão testemunho do pequeno grão de loucura da fé. E como disse uma devota entrevistada por uma de nossas pesquisadoras: *"Todos os santos são bem-vindos..."*

Capítulo 2
MÃE DE TODOS

Mãe de Deus, mãe dos homens. Desde os primeiros séculos da difusão do cristianismo, Maria, mãe de Jesus, ocupa um lugar peculiar no culto. Ao gerar o Filho, situou-se como mediadora entre Deus e os homens, função essa que desde então se repete, já que continua sendo considerada como a grande intercessora entre Deus e os homens. Ocupa um lugar — "acima dos anjos e dos santos", dizem os teólogos [7] — de articulação entre o divino e o humano, que se exerce em ambos os sentidos, de tal modo que, hoje, é chamada de "mediadora universal".

No *Novo Testamento* há relativamente pouca informação sobre a vida de Maria. O texto de São Mateus é bastante sintético:

"Estando Maria desposada com José, sem que tivessem antes coabitado, achou-se grávida pelo Espírito Santo. Mas José, seu esposo, sendo justo e não a querendo infamar, resolveu deixá-la secretamente. Enquanto ponderava nestas coisas, eis que lhe apareceu, em sonho, um anjo do Senhor, dizendo: 'José, filho de Davi, não temas receber Maria, tua mulher, porque o que nela foi gerado é do Espírito Santo. Ela dará à luz um filho e lhe porás o nome de Jesus, porque ele salvará o seu povo dos seus pecados'". Lembra ainda o evangelista que os profetas já haviam anunciado que o Salvador nasceria de uma virgem, dogma que, desde então, não tem sido posto em dúvida pela Igreja Católica.

---

7. Cf. os diversos verbetes consagrados a Maria pelos *Dictionnaire d'archéologie chrétienne et de liturgie* e *Dictionnaire de théologie catholique*, dos quais foi extraída a maioria das informações utilizadas aqui, além da *Bíblia*, é claro.

A adoração pelos Magos, a fuga para o Egito e a volta para a Galiléia são assinaladas por Mateus, mas, nesses episódios, a figura principal, além do Menino, é, de fato, São José, ainda que não venha mais a ser mencionado no resto do texto, que diz respeito à vida adulta e pregação de Jesus.

São Lucas, que fornece mais detalhes a respeito de Maria, diz que "foi o anjo Gabriel enviado da parte de Deus, para uma cidade da Galiléia, chamada Nazaré, a uma virgem prometida a certo homem da casa de Davi, chamado José; a virgem chamava-se Maria. E entrando o anjo onde ela estava, disse: 'Alegra-te, muito favorecida! O Senhor é contigo'". Prossegue dizendo do espanto de Maria quando o anjo anuncia que, sem ter relação com homem algum, irá conceber e dar à luz um filho a quem chamará pelo nome de Jesus. "Respondeu-lhe o anjo: 'Descerá sobre ti o Espírito Santo e o poder do Altíssimo te envolverá com a sua sombra; por isso o que há de nascer será chamado santo, Filho de Deus'".

O Evangelho de São Lucas ainda relata a aceitação de Maria, que pouco tempo depois foi visitar a sua prima Isabel, mulher de Zacarias, então grávida daquele que viria a ser São João Batista, e que, "cheia do Espírito Santo", saúda nela a mãe do Senhor. Maria responde com um belíssimo cântico à glória de Deus. Mais tarde, Maria, já casada com José, o acompanha a Belém, para atender a um édito do Imperador, que convocara toda a população da região, então colônia romana, a se agrupar nos lugares de origem das respectivas famílias para ser recenseada. José, descendente de Davi, dirige-se portanto a Belém, onde Maria dá à luz: "...enfaixou-o e o deitou numa manjedoura porque não havia lugar para eles na hospedaria". Recebem então a visita dos pastores, alertados por um anjo, e mais tarde vão para Jerusalém, onde o Menino é apresentado ao templo, e é reconhecido por pessoas piedosas.

Daí por diante, Maria não mais será mencionada por Lucas. São João, por sua vez, relata que, na cruz, "Jesus, vendo ali a sua mãe e ao lado dela o discípulo a quem ele amava, disse: 'Mulher, eis aí o teu filho'. Então disse ao discípulo: 'Eis aí tua mãe'. E desde aquela hora o discípulo a recebeu em sua casa".

Há também nos *Atos dos Apóstolos* a menção da presença de "Maria, mãe de Jesus" entre aqueles que se reúnem para escolher um discípulo — será Matias — para substituir Judas o Iscariotes, de modo a voltar a perfazer o total de 12 apóstolos. Mas nenhuma referência é feita à vida que Maria poderia ter tido a partir de então.

A primeira representação pictórica de Maria foi encontrada em Roma, nas catacumbas do "cemitério de Priscila", e data do século II. No mesmo século, é redigido um dos inúmeros evangelhos apócrifos — ou seja, relatos não reconhecidos como canônicos pela Igreja — que, com o nome de *Proto-evangelho de Tiago*, se dedica, entre outros temas, a narrar a vida da Virgem. É nele que se encontra a história de Santana e São Joaquim, pais de Maria, claramente inspirada na de Zacarias e Isabel, que contaremos ao falarmos de São João Batista. Já velhos e sem descendência, teriam sido expulsos do templo por motivo de esterilidade. Em sonho, aparece um anjo, e anuncia que Ana vai conceber uma menina. Acontecimentos milagrosos então se sucedem, quando Maria é apresentada ao templo, ou, mais tarde, quando o seu noivo José é designado em meio a uma multidão de pretendentes, como veremos nas lendas de São José.

É igualmente o "Pseudo-Tiago" quem, baseado na adoção de Maria por João, assegura que ela teria viajado junto com este até Éfeso, cidade que hoje se encontra na Turquia e onde se visita, é claro, a "casa da Virgem". O autor do recente verbete (1982) consagrado a "Maria mãe de Deus" pelo *Dictionnaire d'archéologie chrétienne et de liturgie* deu-se o trabalho de fazer o seguinte cálculo: estima-se que Maria teria dado à luz com a idade de 15 anos. Teria, portanto, 19 anos no começo da era cristã.[8] São João Evangelista — o discípulo amado, como ele próprio diz — chegou em Éfeso no ano 58, quando Maria teria

---

8. Já que hoje se concluiu que houve um erro de no mínimo quatro anos ao calcular o "ano zero" de nossa era.

76 anos, idade que o autor julga pouco apropriada, naquela época, para se empreender viagens longas.

Como se vê, tanto a ida a Éfeso quanto a sua refutação são puramente conjeturais. Tampouco a data da morte é conhecida. O lugar onde Maria teria sido sepultada, ou, melhor dizendo, onde teria ocorrido a sua "dormição", já que, como veremos adiante, considera-se hoje que ela não morreu, apenas dormiu, e subiu corporalmente aos céus, é igualmente ignorado. É claro que vários lugares reivindicam essa honra. Um texto bizantino do século VIII situa em Getsêmani o "túmulo da Virgem", mas, em séculos anteriores, parece que o mesmo era totalmente desconhecido. Seria fastidioso passar em revista as diversas tradições a respeito e que, na verdade, são todas de natureza lendária. Importa-nos sobretudo situar as etapas sucessivas da promoção, pela Igreja, do culto oficial de Maria. Este começa em Constantinópolis, em 429, com a récita de um panegírico pronunciado em presença do patriarca.

Logo mais, em 431, um concílio reunido em Éfeso proclama que Maria deverá, doravante, receber o título de *Theótokos*, ou seja, "Mãe de Deus". Daí por diante, o culto de Maria se expandirá em toda a cristandade e somente sofrerá restrições no cristianismo oriental, de modo, aliás, não hegemônico, a partir do Grande Cisma, que, em 1054, marcará a separação entre Igrejas ocidental e oriental.

É portanto no século V que podemos, com toda a segurança, situar o ponto de partida do culto oficial à Virgem Maria. E, na mesma época, surge uma lenda que, como as demais, permanece vigente até os nossos dias. Conta-se que chega em Constantinópolis, então capital do mundo cristão, o "autêntico" retrato da Virgem, que teria sido pintado por São Lucas — que, desse modo, tornou-se o santo padroeiro dos pintores e, particularmente, dos retratistas. As versões, no entanto, divergem. Umas dizem que São Lucas pintou o retrato por ter conhecido Maria em pessoa. Outras, que a Mãe de Deus lhe apareceu em sonho, e que ele a pintou ao despertar. Existe ainda outra, assegurando que Lucas nem sequer pôs a mão no retrato: o mesmo teria aparecido milagrosamente. Inicia-se a tradição das imagens chamadas em grego de *acheiropoiêtes*, ou seja, "não feitas por mão humana". No vernáculo, escreve-se *achiropita* e é essa a origem do culto à *Nossa Senhora Achiropita*, que possui uma belíssima igreja de forma octogonal em São Paulo, no coração do Bixiga.

Seja como for o modo pelo qual apareceu o retrato de Maria, a representação pictórica é uma só: a da efígie de uma jovem mãe, com o filho sentado no braço esquerdo, e a mão direita apontando para o caminho da fé. E pode-se dizer que, até hoje, essa imagem é seguramente uma das mais constantes representações da Mãe de Deus e dos homens.

Mas é claro que, ao longo da história, outras maneiras de retratar a Virgem Maria vão aparecer, do mesmo modo que o seu culto, ao se assentar e expandir, irá privilegiar episódios distintos de sua vida.

Do século V até o século XI, ou seja, durante a alta Idade Média, várias celebrações são incorporadas à liturgia, e aos poucos surge um calendário de festas marianas. Mas é sobretudo a partir dos séculos XII e XIII, séculos do triunfo da Igreja como instituição, e de unificação das crenças e das práticas religiosas, que o culto de Maria vai tomar as feições mais nítidas e, por assim dizer, mais permanentes, no seio da cristandade.

Não pretendo relatar aqui os detalhes dessa evolução. Prefiro me deter em alguns pontos determinantes do culto da Virgem, que até hoje norteiam os aspectos mais destacados de sua representação e, por conseguinte, correspondem às formas mais cultuadas entre nós, neste albor do terceiro milênio.

NOSSA SENHORA DA CONCEIÇÃO, DAS GRAÇAS E DE LOURDES

Ainda que *Nossa Senhora da Conceição* seja uma das formas populares mais antigas do culto de Maria no Brasil, com belíssimas estátuas barrocas — geralmente uma moça jovem de vestido branco e manto azul, com as mãos postas em oração, pisando em um crescente lunar, e sustentada por anjos em meio a nuvens esvoaçantes —, o fato é que o *dogma* da Imaculada Conceição, ou seja, o reconhecimento oficial dessa peculiaridade como artigo de fé, só foi proclamado em 1854, pelo Papa Pio IX.[9]

Como se vê, a Igreja não tem pressa. Trabalha em função da eternidade. Quando o Papa fez da crença na Imaculada Conceição uma obrigação da fé já haviam decorrido mais de dez séculos desde a sua primeira celebração.

Na Irlanda do século VIII, Saint Willibrod (falecido em 739) já incluíra a festa da Conceição em seu calendário litúrgico. Na Itália, a mesma festa aparece por volta dos anos 840/850. Na Inglaterra, a implantação desse culto se assenta em lendas que acompanham a conquista pelos Normandos. Relata Santo Anselmo que o abade Helsin, encarregado de importante missão por Guilherme o Conquistador, viu-se em grande perigo de naufragar e chamou pela ajuda de Nossa Senhora. Salvo, teve uma visão em que um anjo exigia que a festa chamada *Natividade da Virgem* passasse a ser celebrada com o nome de *Conceição*, e a data ficou então fixada no dia 8 de dezembro.

Como Guilherme havia invadido a Inglaterra em 1066, e a visão teria ocorrido em 1070, é mais do que evidente a implicação política do relato de Santo Anselmo. Tratava-se de legitimar o novo reinado, pegando carona, por assim dizer, em um movimento provavelmente já existente de expansão do culto de Nossa Senhora.

Casos como este não são raros, e vamos encontrar ainda muitas histórias em que a oportunidade política se mistura às exigências da fé. Esse aspecto em absoluto apequena o campo da religião, que diz respeito à transcendência do sagrado. Mas é claro que o processo de institucionalização das práticas religiosas situa-se, por sua vez, no nível do campo do poder secular. E, nesse nível, o interesse concreto de príncipes, duques e papas está sempre presente.[10]

Mas o que vem a ser o dogma da Imaculada Conceição? Voltemos à Bula *Ineffabilis Deus*, de 8 de dezembro de 1854. Esta afirma que "a Beatíssima

---

9. Recentemente beatificado por João Paulo II, em agosto de 2000.
10. Não deve ter sido por acaso, aliás, que em toda a bibliografia consultada fui encontrar a história da visão do abade Helsin em uma enciclopédia católica francesa, como que a dizer que, finalmente, foram os franceses — no caso, os normandos — a implantarem tão importante festa...

Virgem Maria foi, no primeiro instante de sua conceição, preservada de qualquer mácula do pecado original". Insiste que se trata de uma "doutrina revelada por Deus [a Deo revelata] e que, por conseguinte, deve ser firma e constantemente dada por verdadeira por todos os fiéis".

Sabemos que, a partir da queda de Adão e Eva, todos os homens receberam, por herança, a mácula do pecado original, pecado este que Jesus veio mais tarde nos dar Condições de redimir. A questão que se colocou desde cedo para os teólogos foi a de saber se Maria, escolhida por Deus como receptáculo do seu Filho, teria sido, ou não, isenta dessa mácula. Depois de muitos e acirrados debates, o Concílio de Basiléia, em 1439, propôs uma solução engenhosa: o ato da conceição de Maria, no seio de sua mãe, foi maculado, sim, em conseqüência da geração por meio de relação sexual, mas, imediatamente depois, o Espírito Santo interveio e, por assim dizer, "limpou" Maria, embrião ainda, dessa mácula.

Podemos observar que o ato sexual, ainda que ocorrido dentro dos laços do matrimônio, é visto como carregando, em si, o estigma do pecado original. Não é surpreendente, por conseguinte, que tanta gente até hoje pensa que a "imaculada conceição" alude à crença de que Maria teria concebido Jesus sem relação sexual. Noção errônea, é claro, já que se trata aqui da conceição *de* Maria, e não da conceição *por* Maria.

O Concílio de Basiléia parece ter posto um (relativo) fim às controvérsias que agitaram os teólogos ao longo da Idade Média. No nível dos fiéis, a festa já vinha sendo celebrada, sendo por vezes mais tolerada do que propriamente aceita pelas autoridades eclesiásticas. As conclusões do concílio levaram a uma reversão. A partir de então, a festa da Conceição tornou-se obrigatória para toda a Igreja. Uma conseqüência interessante foi a expansão do culto de Santana, mãe de Maria, e as confrarias dedicadas tanto a uma quanto à outra santa se foram multiplicando. A Maria, finalmente concebida sem pecado, foi atribuído o papel de "anti-Eva", por culpa de quem, dentro da visão misógina da época, adveio o pecado original. E os teólogos não se furtaram a sublinhar que a saudação do anjo Gabriel deixou bem claro esse antagonismo, já que é fácil verificar que *AVE* é simplesmente o anagrama de *EVA*...

Finalmente, foram os papas os maiores artesãos do triunfo da Imaculada Conceição,[11] que se consolidou, como vimos, no século XIX. Em Paris, em 1830, a Virgem já aparecia à noviça Catherine Labouré, recomendando que lhe fosse dedicada uma "medalha milagrosa", com os seguintes dizeres: "Ó, Maria, concebida sem pecado, rogai por nós que te suplicamos". Daí por diante, essa medalha, que encontramos por toda parte aqui no Brasil,[12] passou a ser conhecida como a medalha de *Nossa Senhora das Graças*. Nela, a Virgem é classicamente representada vestida de branco, com manto azul, erguida sobre o globo terrestre, e esmagando uma serpente. De suas mãos saem feixes de luz, que simbolizam a infinidade de graças que esparge sobre o mundo.

A proclamação do dogma, em 1854, logo mais viria a ser consolidada por outra aparição francesa, ainda mais celebrada: a de Lourdes. Entre 11 de fevereiro e 16 de julho de 1858, a Virgem apareceu repetidas vezes em frente à pastorinha Bernadette Soubirous, declarando explicitamente: *"Eu sou a Imaculada Conceição"*.

No Rio de Janeiro, encontramos a imagem tradicional de Nossa Senhora da Conceição em todas as igrejas pesquisadas. Isso não nos deve surpreender, porque o seu culto era extremamente popular em Portugal, desde o reinado de D. João IV, primeiro rei da família de Bragança, que lhe havia dedicado o seu reino. Nilza Megale assegura que a imagem da Conceição aqui chegou em uma das naus de Pedro Álvares Cabral. Os grandes divulgadores do seu culto no Brasil parecem ter sido os frades franciscanos, sendo que, em 1677, colocaram a sua "província meridional" (que abarcava o Rio de Janeiro) sob a proteção da Imaculada Conceição.

---

11. Essa devoção papal teria sido a origem da construção da Capela Sixtina, no Vaticano, no século XV.
12. De acordo com Nilza Megale, haveria atualmente cerca de 143 paróquias consagradas a Nossa Senhora das Graças. Catherine Labouré foi canonizada em 1947.

Na ocasião da Independência, D. Pedro I a proclamou padroeira do Império Brasileiro. E, como veremos adiante, Nossa Senhora Aparecida se chama, na verdade, *Nossa Senhora da Conceição Aparecida*. Continua, portanto, zelando pelo Brasil.

A ASSUNÇÃO DA VIRGEM: NOSSA SENHORA DA GLÓRIA, OU DA BOA MORTE

Trata-se aqui do segundo dogma referente à vida da Virgem Maria, cuja proclamação foi ainda mais recente, pois se deu em meados do século XX, em 1950. Mas, tal como ocorreu com a Imaculada Conceição, vinha sendo cultuada havia mais de mil anos.

O dogma assegura que Maria, após sua morte, subiu corporalmente ao Céu, tal como o Cristo, depois da Ressurreição. Tradições muito antigas dizem, aliás, que ela não morreu ou, como nos declarou o secretário da Ordem Terceira de Nossa Senhora da Conceição e Boa Morte, em sua linda igreja do Rio de Janeiro, "Nossa Senhora não pode ter tido uma morte", apenas dormiu. Mesmo assim, é cultuada no Brasil desde os tempos coloniais sob o nome de *Nossa Senhora da Boa Morte*, inspirando a criação de várias irmandades, das quais está muito conhecida e vivaz, ainda hoje, a da cidade de Cachoeira, na Bahia. Há no convento do Carmo de Olinda, em Pernambuco, uma imagem "muito milagrosa" de Nossa Senhora da Boa Morte, que, entre outros feitos, teria protegido o convento de ser saqueado pelos invasores holandeses, em 1630.

Mas a Assunção de Maria aos Céus deu origem a outra denominação, ainda mais famosa entre nós, pois é também *Nossa Senhora da Glória*, celebrada em 15 de agosto.

Nesse caso, o aspecto mais lendário da "dormição"[13] é claramente suplantado pelo dogma da translação em corpo e alma para o Céu. Maria foi transpor-

---

13. A Igreja Ortodoxa Russa, por sua vez, mantém, entre as quatro grandes festas da Virgem, a da Dormição, igualmente celebrada em 15 de agosto.

tada para a glória celestial, ao lado do Pai e do Filho, onde permanece. É por isso geralmente representada como uma mulher de braços erguidos, rodeada de anjos em meio a nuvens douradas.

O primeiro documento de que a Igreja dispõe acerca da crença na subida corporal de Maria ao Céu data do século VI, e parece que, no século seguinte, tanto o Oriente como o Ocidente já celebravam essa festa. Controvérsias, é claro, não faltaram. Mas não deixa de ser interessante observar que grandes teólogos clássicos do período medieval, que se mostraram reticentes em relação à Imaculada Conceição, como Santo Tomás de Aquino, afirmaram a realidade da Assunção.

No Rio de Janeiro, a célebre Igreja da Glória originou-se de pequena ermida erguida em 1671. Hoje, a sua festa é uma das mais tradicionais, seguindo-se nisso o próprio D. João VI, que era o seu devoto e, ao que parece, teria instituído festas particularmente ricas em sua homenagem. No decorrer do século XIX, a igreja do outeiro da Glória foi considerada pequena demais, devido ao número sempre crescente de devotos e, em conseqüência, foi construída a Matriz de Nossa Senhora da Glória do Largo do Machado. De tal modo que temos duas importantes igrejas, bastante próximas uma da outra, ambas dedicadas a Nossa Senhora da Assunção.

No que diz respeito ao dogma, vê-se que os dois episódios do nascimento — ou melhor dizendo, da geração — e da morte — ou, talvez, da ressurreição de Maria, fazem dela uma figura bem distante dos demais santos. Dificilmente podemos considerar que aqui se trata de alguém que foi, em vida, "gente como a gente".

A própria Igreja sublinha esse aspecto, ao estabelecer uma modalidade diferente para o culto de Maria. Enquanto todos os demais santos devem receber um tipo de veneração designado sob o nome de *dulia*, isto é, simples devoção, Maria deve ser objeto de *hiperdulia*, ou seja, devoção maior. Isso a situa logo abaixo de Deus Pai e de Jesus Cristo, que, por sua vez, devem receber a devoção suprema, ou *latria*.

Essa posição intermediária entre Deus e os santos é claramente sublinhada hoje, quando assistimos à forte revalorização da figura de Maria, não mais apresentada como modelo de submissão feminina à vontade divina, mas, pelo contrário, nestes tempos de militância feminista, como mulher ativa e transformadora do mundo. De uma representação tradicional, em que a presença de Maria é "mais feita de silêncios", passa-se hoje, diz Leonardo Boff, ao reconhecimento, graças a Maria, do "rosto materno de Deus".

Publicações se multiplicam, que vêem em Maria a "mulher vestida de sol" do *Apocalipse* de São João, ou que vêm fornecer subsídios às novas correntes carismáticas, no esforço de dar voz à forte expressão das emoções e dos sentimentos religiosos. Para tanto, ninguém melhor do que a imagem materna, por todos reconhecida e cultuada, da mãe dos homens e mãe de Deus.

No decorrer de nossa pesquisa em igrejas do centro do Rio de Janeiro, encontramos muitas modalidades de representação de Maria. É dessas que vamos falar agora, sem a pretensão de sermos exaustivos, mas no intuito de retratar algumas das "faces da Virgem" mais cultuadas entre nós.

NOSSA SENHORA APARECIDA

É a padroeira do Brasil e, como já foi assinalado anteriormente, é uma Nossa Senhora da *Conceição*. A sua estátua reproduz a apresentação clássica: mãos em prece, manto azul, rostos de anjos a seus pés. A estátua é toda preta, o que não constitui motivo de espanto para os pesquisadores das antigas igrejas européias. Sophie Cassagnes-Brouquet, que dedicou um belíssimo livro às "Virgens negras" na França, levantou *centenas* de imagens desse tipo. Ainda que, na maioria das vezes, a coloração escura seja produto do envelhecimento da madeira ou de percalços históricos, é fato que tais imagens sempre despertaram, no imaginário popular, idéias de um poder antigo e místico, e a sua origem, real ou inventada, sempre se carrega de lendas.

Nossa Senhora Aparecida não foge à regra.

Conta-se que foram três pescadores que a encontraram em suas redes, no dia 16 de outubro de 1717, nas águas do Rio Paraíba do Sul. Haviam sido encarregados de fornecer peixe para um grande banquete que a Câmara de Vereadores da cidade de Guaratinguetá iria oferecer ao Conde de Assumar, fidalgo português que acabara de ser nomeado governador da província de São Vicente. O pescado era pouco, até que os pescadores encontraram, primeiro, uma estatueta sem cabeça. Jogando a rede em seguida, acharam-na. Guardaram ambas no fundo da canoa e, jogando a rede pela terceira vez, viram que estava abarrotada de peixes.

Conservaram a estatueta em casa de um deles. Em 1726, o último sobrevivente deu-a para o filho, que construiu um pequeno oratório perto do rio, onde as pessoas vinham rezar. Isso chamou a atenção do pároco de Guaratinguetá, que resolveu oferecer-lhe uma capela rústica, que logo se revelaria pequena demais para os devotos. De tal modo que, em 1745, se ergueu uma igreja situada desta vez no topo de uma colina, dominando o rio Paraíba.

A devoção, ao que parece, segue o caminho do ouro.[14] No século seguinte, a expansão do culto caminha junto com o desenvolvimento do próprio Estado de São Paulo. As pessoas que vão do Rio para São Paulo não raro se detêm para fazer-lhe uma visita. É o caso da Princesa Isabel, que, em 6 de novembro de 1884, assinala em seu jornal ter feito uma parada em Guaratinguetá, "para subir à capela de Nossa Senhora Aparecida e fazer oração". Com tanta visita ilustre, a santa pede acomodações maiores. Inicia-se a construção de nova igreja, no estilo neogótico então em moda, e que será finalmente inaugurada em 1888. Em 1893, o santuário foi elevado a Curato, com o título de Episcopal Santuário de Nossa Senhora da Conceição Aparecida, que, no ano seguinte, seria confiado aos cuidados de missionários Redentoristas, originários da Baviera.

Além de ter sido o século da Independência, o século XIX é também marcado, no Brasil, pelo empenho dos "Bispos Reformadores", ciosos de substituírem o

---

14. O essencial das informações referentes a Nossa Senhora Aparecida foi tirado do artigo de Juliana Beatriz A. de Souza, "mãe negra de um povo mestiço" (1996).

culto das antigas — e populares — denominações marianas de origem portuguesa por invocações mais modernas. A expansão do culto de Nossa Senhora Aparecida parece situar-se na confluência desses dois aspectos, juntando a necessidade leiga de se elegerem símbolos de identidade nacional, com o empenho papal de implantar novas diretrizes devocionais. Daí a "importação" de Redentoristas Bávaros em 1894, por iniciativa de D. Joaquim Arcoverde. No mesmo ano, o Papa Leão XIII define a data da festa da santa, que passa a figurar no calendário da Diocese do Estado de São Paulo.

Em 1900, organizam-se as primeiras romarias oficiais. Uma sai da cidade de São Paulo, e a outra, do Rio de Janeiro. Em 1904, o episcopado paulista obtém do Papa Pio X que a estátua seja solenemente coroada e, em 1909, a igreja é sagrada Basílica Menor.

Em 1930, os bispos do Brasil pedem ao Papa Pio XI que Nossa Senhora Aparecida seja proclamada padroeira do Brasil. A estátua é transportada por trem especial para a Capital Federal, onde D. Sebastião Leme oficia a cerimônia, na presença de Getúlio Vargas, que beija os pés da imagem, em um momento de intenso fervor católico e nacionalista.

Em 1946, foi iniciada a construção de nova igreja, imensa basílica, que, dizem, seria hoje "o maior santuário do mundo dedicado a Nossa Senhora", com capacidade para comportar 45 mil fiéis. Quando da inauguração, em 1967, o Papa Paulo VI enviou o seu Legado, portador de uma Rosa de Ouro, tradicional condecoração vaticana atribuída a mulheres ilustres, e que hoje enfeita a estátua. Finalmente, em 1980, por ocasião da visita do Papa João Paulo II, o então presidente João Batista Figueiredo proclamou que o dia da Padroeira, em 12 de outubro, seria doravante feriado nacional.

Parece que foi a partir dessa visita que o manto de Nossa Senhora Aparecida passou a ostentar, de um lado, pequeno bordado com a bandeira nacional e, do outro, a bandeira do Vaticano.

No que diz respeito à cor da estátua, há um relativo consenso, em nível nacional, para julgar que expressa a natureza mestiça do povo brasileiro.

Recente publicação dos Redentoristas afirma que essa cor "marrom-escuro" representa quase que uma síntese de todas as cores da humanidade. Nesse sentido, Nossa Senhora Aparecida, além de padroeira de todo o povo brasileiro, seria como que a imagem concreta da universalidade da fé católica.

NOSSA SENHORA DA CABEÇA

Nessa curiosa invocação da Virgem Maria, encontrada em muitas de nossas igrejas, parece que tradições e folclore têm um papel preponderante.

Teria a sua origem em uma localidade da Espanha, próxima da cidade de Andújar, numa lenda que alude explicitamente aos tempos da Reconquista, quando inúmeros santos, e entre eles, Santiago, por isso alcunhado de "*Mata-Mouros*", eram chamados para dar apoio à guerra contra os árabes muçulmanos que então dominavam a Península Ibérica. Conta Nilza Megale que um jovem pastor, filho de *cristãos cativos*, costumava levar as ovelhas junto a um pico na Serra Morena que, por sua peculiar configuração sugerindo um perfil humano, era chamado "Pico da Cabeça". Devoto de Maria, foi um dia guiado pelo som de uma campainha até a entrada iluminada de uma gruta, onde encontrou uma bela estátua de Nossa Senhora, junto da qual um sininho tocava sozinho. O pastor ouviu uma voz lhe dizendo para ir até a cidade e conclamar todos a erguerem uma igreja em louvor à santa. Assim foi feito, e Nossa Senhora da Cabeça tornou-se a padroeira de Andújar.

Até aí, a lenda das origens dessa denominação não se afasta de tantas outras tradições que relatam a descoberta, geralmente milagrosa (lembremos a farta pescaria de nossos pescadores depois do resgate de Nossa Senhora Aparecida, que obviamente remete ao episódio bíblico da pesca miraculosa no lago de Tiberíades), de alguma estátua feminina, logo identificada como representando a Virgem Maria. Mas o nome, de tão estranho, fez com que os devotos se afastassem da origem geográfica e passassem a representar a santa com uma cabeça humana na mão direita, enquanto segura o Menino sentado no braço esquerdo.

Para justificar essa representação, nova lenda surgiu. Um condenado à morte teria feito o voto de depositar uma cabeça de cera aos pés da Virgem, se fosse salvo do cadafalso. Agraciado pelo rei (de onde, não se sabe), o ex-condenado teria cumprido a promessa e, doravante, a imagem da santa lembraria o acontecido.

Aqui no Brasil, deu-se mais outra atribuição a Nossa Senhora da Cabeça. É considerada de grande ajuda para os que sofrem de "problemas de cabeça" de todo tipo. Seja enxaqueca, seja doença mental ou simples preocupação e, em nível mais corriqueiro, é constantemente invocada pelos estudantes, para terem êxito nos exames. Diz uma devota, entrevistada por nossos pesquisadores: *"Venho sempre para a missa de Nossa Senhora da Cabeça... a gente anda cheia de coisas na cabeça, né? Muito pensamento, muita preocupação. Nossa Senhora da Cabeça ajuda a gente a colocar as coisas em ordem, ter calma"*.

Presente em todas as igrejas que pesquisamos no Rio, a imagem recebe ex-votos de cera em forma de cabeça, em gratidão pela sua poderosa ajuda em provas escolares ou problemas de aprendizagem. Tal crença, diga-se de passagem, não é pura invenção da devoção "popular". Há muitos anos recolhi, no Recife, uma "Oração a Nossa Senhora da Cabeça", com *imprimatur* do Arcebispo, que roga:

"Iluminai a minha pobre inteligência (...) Não permitais que minha Pobre Cabeça seja atormentada por males que me perturbem a tranqüilidade da vida."

Considerando o quanto a população brasileira se encontra atualmente atordoada por tantos problemas e preocupações de toda ordem, a devoção a Nossa Senhora da Cabeça só pode expandir-se...

Há outro campo, geralmente ignorado, em que se manifesta a presença, já antiga, do seu culto. Falo da geografia do Rio de Janeiro. Consta que uma das fazendas que outrora ocupavam a área hoje correspondente ao bairro do Jardim Botânico havia sido colocada sob a proteção de Nossa Senhora da Cabeça, contando inclusive com a construção de pequena capela, cujas ruínas ainda existem no terreno de uma instituição que ocupa os altos da Rua Faro.

De lá sai um riacho, cujas águas hoje correm em galeria subterrânea, e só voltam a rever a luz do céu na hora de caírem no canal da Rua Alexandre Ferreira. E esse rio, invisível mas presente, como muitos outros na cidade, de fato recebeu o nome de *Rio Cabeça*...

NOSSA SENHORA DO ROSÁRIO, DO TERÇO, E DE FÁTIMA

Enquanto as origens da invocação precedente remetem a tradições ibéricas e populares, o culto do Rosário, por sua vez, está intimamente ligado a uma grande corrente de toda a cristandade, em que veremos se misturar a fé mais profunda com as mais evidentes injunções políticas.

É comum atribuir-se a São Domingos de Gusmão o começo desse culto. Em sonho, o fundador da Ordem dos Dominicanos teria recebido a incumbência das mãos de Nossa Senhora em pessoa. Mas parece tratar-se de mais uma lenda legitimadora, elaborada vários séculos depois da morte de São Domingos. A favor desta hipótese está o fato que Jacopo da Varazze, ele mesmo dominicano ilustre, ao narrar a vida do fundador em sua *Lenda Áurea*, publicada por volta de 1264, ou seja, pouco tempo depois da morte deste, nada fala a respeito. E não se pode dizer que Varazze seja econômico em seus relatos, nem que ele se furte a escrever contos fantásticos! A bibliografia consultada mostra que religiosos tão notáveis como Saint Thomas Beckett já eram devotos do "saltério de Nossa Senhora", isso no século XII,[15] e tudo leva a supor que, como outras tantas tradições piedosas, o costume de rezar ao desfiar contas já era bem antigo, e se foi expandindo ao longo da Idade Média, acompanhando o crescimento do fervor em volta da Virgem Maria.

Não se sabe ao certo de onde vem o nome *rosário* atribuído a esse tipo específico de fieira de contas. A devoção medieval a Maria via na Virgem um compêndio de virtudes e um tesouro de alegrias espirituais que a tornavam

---

15. Lembramos que Thomas Beckett foi assassinado na catedral de Canterbury, em dezembro de 1170, no fim do mesmo ano em que nasceu Domingos de Gusmão.

semelhante a um "jardim de rosas". Em latim da época, "roseiral" se dizia *rosarium*. Daí talvez a designação.

Para os historiadores, a devoção do Rosário teria ganho forças na época da Contra-Reforma, quando Roma multiplicava as estratégias destinadas a combater a expansão do Protestantismo. Mas o fato é que, meio século antes dos protestos de Lutero, um dominicano, Alano de Rupe, publicou um livro, por volta de 1470, no qual assegurava que rezar o rosário era um meio privilegiado de obter graças e proteção da Virgem Maria. Outros pregadores, igualmente dominicanos, se encarregaram de divulgar essa crença, que recebeu o apoio oficial em 1495, por parte do Papa Alexandre VI. Como se vê, o acontecimento é praticamente contemporâneo da descoberta das Américas e se situa, por conseguinte, na época do Renascimento.

O Papa que maior destaque deu ao culto do Rosário foi Santo Pio V, ao instituir a festa de "Nossa Senhora da Vitória", para celebrar a derrota da frota turca em Lepanto, em 1571. Essa vitória, obtida por uma coligação das forças navais cristãs, reunidas sob o comando de um dos filhos bastardos do rei de Espanha, pôs fim à hegemonia do império turco sobre o Mediterrâneo. E teria sido conseguida graças à intercessão da Virgem Maria, em resposta aos inúmeros rosários rezados pelos fiéis. De tal modo que o sucessor de Pio V, Gregório XIII, resolveu mudar o nome da festa para "Nossa Senhora do Rosário". Finalmente, com a derrota derradeira do Império Otomano em solo húngaro, em 1716, o Papa Clemente XI ordenou que a festa do Rosário fosse celebrada por toda a Igreja Católica.

Aqui estamos longe da imagem geralmente tão suave da Mãe de todos. De mãe benevolente transforma-se em figura guerreira, para assegurar a vitória das tropas católicas sobre o inimigo. Torna-se padroeira de uma "guerra santa". E isso perdura até hoje, pois não devemos esquecer que Nossa Senhora de Fátima, que, já em 1917, teria anunciado a reconversão da Rússia depois da derrota do comunismo, identificou-se junto aos pastorinhos portugueses como sendo "Nossa Senhora do Rosário", o que, aliás, é o seu nome oficial: Nossa Senhora do Rosário de Fátima. Vale a pena, aliás, transcrever as próprias palavras da Virgem na ocasião de sua última aparição, em 13 de outubro de 1917:

"Pedirei a consagração da Rússia a meu Imaculado Coração e também a comunhão reparadora no primeiro sábado de cada mês. Se meus pedidos forem concedidos, a Rússia se converterá e haverá paz. Caso contrário, a Rússia difundirá seus erros pelo mundo, provocando guerras e perseguições contra a Igreja. Muitos serão martirizados, o Santo Padre terá muito que sofrer, várias nações serão aniquiladas. A perspectiva é, portanto, sombria. Mas, por fim, meu Imaculado Coração triunfará: o Santo Padre consagrará a Rússia a mim; ela se converterá e uma era de paz será concedida ao mundo. Em Portugal, a fé sempre será preservada."[16]

O Rosário permanece sendo uma arma eficaz contra todas as heresias.[17]

Daí ter sido recuperado, por assim dizer, pelas lendas de São Domingos, processo no qual o Papa Santo Pio V parece ter tido forte influência, sendo ele mesmo dominicano. A fundação da Ordem dos Pregadores, como se sabe, deu-se no bojo da luta contra a heresia dos Cátaros, que então grassava na Itália e na França meridional. Nada mais adequado, sem dúvida, do que atribuir a Domingos a implantação do culto do Rosário, que teria recebido das próprias mãos da Virgem, já no seu papel de extirpadora das heresias. De tal modo que até hoje se repete, como os *Petits Bollandistes*, que, pela virtude do Rosário, São Domingos teria convertido nada menos que *cem mil heréticos*.

16. Citada por Anne Vail, que acrescenta: "O ícone de Nossa Senhora de Kazan está há muitos anos em Fátima, até chegar a hora de voltar para o seu lugar na Rússia".
17. Atualmente, no Brasil, existe a *Associação Cultural* [sic] *Nossa Senhora de Fátima*, que se dedica ativamente à denúncia de tudo quanto é desvio da santa doutrina e à propagação de uma Campanha intitulada *"Vinde Nossa Senhora de Fátima, não tardeis!"*. Tal campanha é divulgada através de boletos e publicações, cujo estilo é claramente de incentivo a uma guerra santa, não fosse a referida Associação, com sede em São Paulo, criação da muito conhecida *Sociedade Brasileira de Defesa da Tradição, Família e Propriedade*, fundada por Plínio Salgado cujo túmulo, no cemitério paulista da Consolação, tornou-se ponto irradiador das pregações da TFP e, por conseguinte, das publicações que utilizam o referencial mariano para a divulgação de suas idéias.

É no pano de fundo dessa função militante que devemos entender a importância de que se revestiu o culto do Rosário no Brasil e, particularmente, a fundação das confrarias de escravos negros a ele dedicado.

Pois a própria descoberta das Américas foi vista, pelos contemporâneos, como um empreendimento semelhante ao das Cruzadas, que, na Idade Média, tentaram não só arrancar o túmulo do Cristo das mãos dos muçulmanos, como também converter todos os habitantes daquelas regiões longínquas. De forma que, desde o início da colonização portuguesa, aqui aportaram representantes de todas as Ordens religiosas particularmente dedicadas à conversão dos "pagãos", quer se trate dos indígenas, quer dos escravos africanos. Numerosas confrarias foram criadas com esse fim, e, no que diz respeito ao culto de Nossa Senhora do Rosário, a maioria dos historiadores assegura que foram principalmente os jesuítas que criaram as irmandades a ela dedicadas no Brasil.

Não dizia o Padre Vieira, em um dos seus sermões dirigidos a escravos baianos, que o culto do Rosário lhes permitiria alcançar a libertação?... Só que se referia aos grilhões do pecado:

"A vossa irmandade de Senhora do Rosário vos promete a todos uma carta de alforria, com que não só gozeis a liberdade eterna na segunda transmigração da outra vida [ou seja, após a morte], mas também vos livreis nesta do maior cativeiro da primeira [os pecados]." É bem possível que, sem se descuidar de livrar-se dos pecados, os escravos tivessem preferido, em nível mais imediato, libertar-se da servidão... Quanto mais que o estilo seiscentista e particularmente rebuscado da fala de Vieira não devia pouco contribuir para interpretações equivocadas. O fato é que as irmandades jamais desistiram de se organizar para promoverem a alforria concreta dos seus componentes. René Ribeiro conta que, em 1683, irmandades pernambucanas "dirigiram-se ao rei solicitando concessão para livrar do cativeiro *todos os escravos homens e mulheres de sua cor*, 'pagando-os a seus senhores pelo justo preço que arbitrassem dois homens de consciência, na forma que tinham os irmãos de São Thomé e da cidade de Lisboa'". Como era de se esperar, não consta que o rei de Portugal tenha considerado esse pedido.

Além do objetivo primeiro da conversão, as irmandades também funcionaram, ao longo da história, como dispositivos de enquadramento da escravaria nos moldes da sociedade colonial. Com muita criatividade, os catequistas cuidaram de aproveitar tradições africanas, transformando-as para inculcar, nos negros, a convicção da excelência dos padrões católicos e portugueses de comportamento.

Assim é que Vieira, cujo talento desconhecia limites, tentou convencer as negras a usarem as "contas do rosário" em colares e braceletes, em vez dos cordões cujo sabor africano recendia por demais a feitiçaria... Mas a atuação dos catequistas resultou, sobretudo, em um rico folclore de lendas e folguedos celebrados ainda em nossos dias.

Na verdade, tais folguedos já existiam em Portugal, e sua origem visava relembrar as diversas derrotas dos Mouros, finalmente vencidos: *Cheganças, Congadas, Marujadas* ou *Moçambiques*, todas celebravam antigas lutas,[18] em que os cristãos, ajudados por diversos santos (que encontraremos no capítulo seguinte) e até mesmo diretamente por Nossa Senhora, acabavam sempre por vencer os maometanos. Há pouco mais de vinte anos, em Sergipe, Beatriz Dantas recolheu a letra de uma *Chegança de Mouros*, que diz:

"A Virgem do Rosário
Seja nosso guia
Não seremos presos
Pela Turquia"

Clara lembrança dos tempos em que, literalmente, "havia Mouros na Costa" de Portugal, e era preciso lutar com todos os recursos possíveis, para que ninguém fosse preso e levado como escravo pelos árabes ou pelos turcos, que — até mesmo depois de Lepanto — continuavam saqueando a Europa meridional.

---

18. Ver a esse respeito os trabalhos de Alceu Maynard Araújo, que, em suas observações de folclorista, recolheu rico material, sempre relacionado explicitamente ao culto de Nossa Senhora do Rosário (Araújo, 1964).

Aqui, a devoção ao Rosário foi reforçada, entre a escravaria, pela atribuição de uma predileção especial da Virgem Maria pelos negros. Do norte ao sul do Brasil encontram-se lendas cuja temática é a seguinte:

Uma estátua de Nossa Senhora do Rosário apareceu na beira da praia. Os caboclos, que são os primeiros donos da terra, pela ascendência indígena, cantaram e rezaram, levando a estátua para uma capela, mas, no dia seguinte, ela havia retornado ao lugar onde fora encontrada. O mesmo fizeram os marujos — que representam os brancos portugueses — e ela tampouco os atendeu. Mas quando os negros a louvaram, ela foi com eles para onde eles quiseram.

Piedosa versão daquilo que Roberto DaMatta chamou de "fábula das três raças", essa lenda também retoma um lugar-comum da hagiografia, o tema da "santa teimosa". Em muitos lugares se conta algo parecido — cuja finalidade óbvia é legitimar algum culto local — em que uma estátua *voluntariosa*, como se diz no Nordeste, mostra claramente a sua preferência por determinado sítio, voltando a ele cada vez que se pretende mudá-la. No caso de Nossa Senhora do Rosário, aparece algo mais: assegura-se a predileção da Virgem pelos seus filhos negros.

Dizem que, frente à escravidão, Maria se condoeu tanto que chorou, e de suas lágrimas nasceu o *biurá*, planta cujos frutos desde então passaram a se chamar "lágrimas-de-nossa-senhora" e têm sido, é claro, utilizados para se fazer rosários. Em Minas, Congueiros e Moçambiqueiros continuam proclamando a sua especial devoção:

"*Eu vô abri este* Rosaro
Eu vô abri este Rosaro
Com Deus e Nossa Senhora
Eu vô abri este Rosaro"

"*Maçambique me chamô, ai, ai*
No Rosaro *e eu já lá vô, ai, ai*

No Rosaro de minha mãe, oh, gente!
Nossa Senhora levô, ah!"

Congo e Moçambique, Costa e Contra-Costa foram as regiões da África de onde provinham as primeiras levas de escravos trazidos ao Brasil. Os Arturos, tradicional grupo mineiro tão bem estudado por Edimilson Pereira e Núbia Gomes, asseguram que foi o lamento de Moçambique que transformou Maria na "Mãe Santa dos Negros": "No altar onde a colocaram, a imagem permaneceu, e permanece, aguardando a religiosidade dos seus filhos primeiros e puros, que sabem amá-la com o corpo — que dança — e com a alma — que chora. Moçambique é o dono da coroa Santa, é a sua guarda:

'Ei maçambique é coisa boa, ai, ai
Que é nego de coroa, ai, ai,
Ei maçambique é coisa boa, ai, ai
Que é nego de coroa!'"

O mar trouxe o Africano nos porões dos navios negreiros, mas a Virgem Maria, Rainha do Mar, também atravessou o oceano para resgatar os seus filhos. E as inúmeras irmandades do Rosário, quer seja em sua vertente estritamente religiosa, quer seja através dos folguedos que ajudaram a perpetuar, acabaram por ter a ambígua função de, ao mesmo tempo, assegurar o triunfo do catolicismo e o controle da escravaria, mas também de lembrar que a liberdade é o bem supremo... Ambigüidade essa que vamos exemplificar, no capítulo seguinte, ao falarmos da história da Irmandade de Nossa Senhora do Rosário e São Benedito dos Homens Pretos do Rio de Janeiro.

Falta ainda dizer algo do rosário em si, ou seja, da fieira de contas utilizada para rezar. Hoje, constitui-se de 180 contas, que correspondem respectivamente a três grupos de orações e por isso chamados de "terços". Cada terço consta de 50 Ave-Marias, 5 Pais-Nossos e 5 Glórias. Cada terço corresponde a um tipo diferente de mistério, alusivo aos momentos principais da vida de Maria. São quinze mistérios ao todo, e nesse ponto não se pode deixar de lembrar a existência, na Bahia, para lá de Santo Antônio além do Carmo, da igreja dos Quinze Mistérios.[19]

O significado de cada mistério seria o seguinte:

— Mistérios gozosos: a Anunciação, a Visitação [lembrando o encontro de Maria com sua prima Santa Isabel], a Natividade de Nosso Senhor, a apresentação de Jesus no Templo, e seu reconhecimento pelos Doutores da Lei.

— Mistérios dolorosos: a agonia de Jesus no jardim de Getsêmani, a flagelação, a coroação de espinhos, o carregamento da Cruz e a morte na Cruz.

— Mistérios gloriosos: a Ressurreição, a Ascensão de Nosso Senhor, a descida do Espírito Santo no dia de Pentecostes, a Assunção de Nossa Senhora, e a coroação de Maria no Céu.

Como se vê, há na prática do Rosário o entrelaçamento da vida de Maria e de Jesus, o que o torna importante suporte de devoção, pois resume a maior parte dos momentos mais valorizados pela fé católica. Nada surpreendente, portanto, que até hoje permaneça como instrumento de oração. É possível também compreender, a partir do seu significado, o seu papel na luta contra todas as heresias: resumindo a vida de Maria e de Jesus, era quase que um compêndio do catolicismo.

Em decorrência, talvez, do tamanho do rosário tradicional, que exige grande número de preces, difundiu-se a prática de se rezar mais comumente a sua terça parte. É esta a origem do Terço, e *Nossa Senhora do Terço* é simplesmente Nossa Senhora do Rosário.[20]

---

19. Diz Darwin Motta & Silva que essa pequena igreja, "humilde e tosca, ainda inacabada", teria sido construída em 1811 e que seu nome completo seria Igreja dos Quinze Mistérios dos Homens Pretos, acrescentando melancolicamente que "com essa capela sucedeu o mesmo que com muitas outras das Igrejas dos Rosários: não chegou a ser concluída"...
20. No Rio de Janeiro, a Irmandade de Nossa Senhora do Terço foi fundada em 1722, e a imagem da Santa, de início, abrigou-se na ermida de São José. Mas quando a Irmandade recebeu de presente a Capela do Senhor dos Passos, foi para ela transferida, e a igreja tomou o nome de Nossa Senhora do Terço. Diz Brasil Gerson que a imagem é a mesma do início do século XVIII.

Saint Louis Grignon de Monfort [1673-1719], fundador da Companhia de Maria, formada por sacerdotes dedicados às missões entre os camponeses da França, e autor de um *Traité de la dévotion à la Bienheureuse Vierge Marie*, retomou a antiga referência à rosa para interpretar o simbolismo dos Quinze Mistérios: os mistérios gozosos corresponderiam às folhas verdes da flor, os dolorosos, aos espinhos, e os mistérios gloriosos seriam simbolizados pelo esplendor das flores...[21]

NOSSA SENHORA DA ROSA MÍSTICA

Essa invocação está claramente relacionada com a precedente, mas aqui é a própria Virgem Maria que se torna sinônimo da flor. As litanias de Loreto, ou seja, a "Ladainha de Nossa Senhora", lhe dão explicitamente o apelido de Rosa Mística.

Gilbert Durand chama a atenção para o simbolismo da rosa, pois uma das características da classificação botânica das rosáceas é a de que todos os seus órgãos são múltiplos de 5: cinco pétalas para a rosa silvestre, cinco sépalas, cinco estames, e assim por diante. Enquanto o algarismo 4 remete à cruz, e por conseguinte à limitação, a floração da "rosa pentagramática" abre para a glória da ressurreição.

Por outro lado, não podemos deixar de lembrar que, tal como a devoção do Rosário, a elaboração das litanias de Loreto deu-se dentro de um contexto de "guerra santa". A lenda da fundação da "Santa Casa" na cidade italiana de Loreta é bonita: conta-se que, após a reconquista da Palestina pelos muçulmanos e o fim dos Estados Cristãos do Oriente (1291), os próprios anjos não quiseram

---

21. Em 16/10/2002, menos de dois meses depois da conclusão deste livro, o Papa João Paulo II resolveu propor mudanças no Rosário, aumentanto de 15 para 20 o número dos mistérios. Os novos mistérios aludirão ao batismo de Jesus no rio Jordão, à tentação no deserto, à Transfiguração, e à entrada em Jerusalém. De modo que, doravante, os fiéis terão de rezar o *quarto*, em vez do terço... Ainda estamos esperando por algum Louis Grignon de Montfort redivivo, para elaborar novo simbolismo em termos florais. Todos os temas aludidos nessa quarta parte dizem respeito, de várias maneiras, ao modo como o mundo se deparou com a revelação da existência do Cristo e, nesse sentido, talvez pudessem ser considerados como correspondentes à *raiz* da flor?

deixar que a casa da Virgem em Nazaré caísse nas mãos dos Infiéis e a trouxeram pelos ares, em 1294, até o lugar onde hoje se encontra, na Itália. Impossibilitados doravante de ir aos Lugares Santos, os romeiros poderiam, graças a esse milagre, visitar assim mesmo a própria casa onde se deu a Anunciação!

Ao que parece, as litanias de Loreto vinham consagrar a já importante corrente medieval de louvor à Virgem, sendo que as igrejas orientais também cantam "Maria, Rosa Mística da qual nasceu Cristo, maravilhoso, de inebriante perfume".

Na Alemanha, no santuário de Santa Maria de Rosemberg — e Rosemberg quer dizer "montanha de rosas" —, venera-se, desde 1738, uma "imagem miraculosa" de Maria, que apresenta, pintadas na base do quadro, três rosas: uma branca, uma vermelha e uma amarela.

É uma representação semelhante que encontramos na igreja carioca de Santo Elesbão e Santa Ifigênia: de tamanho pouco menor que o natural, a estátua usa um véu comprido de cor branca e uma túnica da mesma cor. Na altura do peito, carrega as três rosas que, conforme nos foi dito, teriam o seguinte significado simbólico: a rosa vermelha diria do amor, o branco, da paz, e a amarela corresponderia à riqueza.

É claro que podemos dar outros sentidos às cores. O branco poderia aludir à pureza de Maria, e o amarelo, à glória de sua coroação no Céu. Ou, ainda, como lembram Chevalier e Gheerbrant: "O amarelo é a cor da eternidade, assim como o ouro é o metal da eternidade (...) O amarelo da vida eterna, da fé, une-se à pureza original do branco, na bandeira do Vaticano".

Na igreja onde a encontramos, a imagem de Nossa Senhora da Rosa Mística é uma das mais procuradas pelos devotos. É protegida por uma redoma de vidro, mas isso não impede que as pessoas coloquem as mãos na altura das da estátua, como que entrando diretamente em contato com ela. Um dos nossos pesquisadores observou a seguinte cena: "Uma senhora, bastante idosa, ajoelhada, conversava em voz alta com a imagem. O que me chamou a atenção foi o modo como ela se comunicava com a santa, parecia estar dialogando com alguém e não com uma estátua, como se aquela imagem de gesso tivesse vida, fosse a própria santa". Isso passa a idéia de uma relação concreta, pessoal, por assim dizer íntima, com a Mãe de todos, que aliás se observou diante de outras imagens de Nossa Senhora. Nesse ponto, pouco importa que se trate de uma devoção medieval mais ou menos lendária, ou de uma criação destinada a incentivar guerras religiosas, políticas ou territoriais. Importante é essa fé humilde, cotidiana, que busca na imagem maternal o apoio nos árduos caminhos da vida de cada dia.

OS BRILHOS DE NOSSA SENHORA: DAS CANDEIAS, DA CANDELÁRIA, DA LUZ E DE COPACABANA

Nossa Senhora das Candeias é geralmente representada por uma imagem ricamente vestida, levando o Menino Jesus sentado em seu braço esquerdo e uma vela acesa na mão direita. Diz-se que a origem dessa denominação se apóia na tradição mosaica de se apresentar todo filho primogênito ao templo, após quarenta dias do seu nascimento. Mãe e filho seriam então ritualmente purificados, em uma cerimônia que seria encerrada por uma procissão em que todos os presentes levariam velas acesas. Vários autores asseguram que se trata, em primeiro lugar, da purificação de Maria após o seu nascimento. Como se sabe, há nos Evangelhos muito pouca informação acerca da sua vida, e essa festa é, sem dúvida, de origem apócrifa. Desde o século IV, no entanto, já constava do rol das quatro grandes festas da Mãe de Deus celebradas pela Igreja Oriental. E, no século seguinte, o Papa Gelásio (492-496) já instituía a procissão das candeias para festejar a lembrança da Apresentação de Maria no Templo, e sua purificação, em 2 de fevereiro.

Vê-se que a imagem da Virgem com o Menino, saudada como sendo das Candeias, ou da Candelária, como que sintetiza, em realidade, *duas* apresentações ao templo, a de Maria, e a do seu filho, ocorrida uns quinze anos depois da primeira. Nossa Senhora da Luz, por sua vez, ora é assimilada à da

Candelária, ora à da Conceição, como pude verificar no convento da Luz em São Paulo. É claro que aqui se trata de tradições diversas, provavelmente decorrentes de cultos locais, que acabam por convergir nessa representação da Virgem, que, ao *dar à luz* o seu Divino Filho, vem iluminar o mundo.

É este sentido simbólico que importa pôr em evidência, além da identificação histórica das origens factuais.

No Brasil, o culto de Nossa Senhora das Candeias chegou junto com os portugueses, que já lhe eram devotados desde o século XIII, especialmente em Lisboa, e, na Bahia, grande número de igrejas lhe foram dedicadas. Nilza Megale assinala que, na bem nomeada Ilha da Madre de Deus, há uma antiga ermida, cuja imagem, dizem, teria sido encontrada por pescadores em um rochedo junto ao mar. O que nos remete a todas as lendas já evocadas a propósito de Nossa Senhora do Rosário. Além disso, como se sabe, a devoção baiana a Nossa Senhora das Candeias recebeu forte inflexão no sentido do chamado sincretismo. Os escravos convertidos à força e sem poderem cultuar abertamente os seus deuses introduziram divindades de contrabando sob o manto de vários santos católicos. E transformaram a festa da Candelária em dia de culto às deusas da água, fazendo do dia 2 de fevereiro uma das mais brilhantes manifestações populares de entrega do "presente das águas", que, saindo do Rio Vermelho, percorre toda a costa em procissão marítima.

No Rio de Janeiro, a igreja da Candelária, construída no século XIX, dispensa apresentação. É também interessante assinalar que Nossa Senhora de Copacabana, que deu o nome ao bairro que até hoje é sinônimo de Rio de Janeiro no mundo todo, tem sua origem numa imagem trazida da ilha boliviana de Copacabana, situada no lago Titicaca, representando, ao que parece, Nossa Senhora da Candelária.

Nas igrejas em que desenvolvemos a nossa pesquisa, Nossa Senhora das Candeias recebe um culto todo especial na igreja de Santo Elesbão e Santa Ifigênia, com missa especialmente celebrada na primeira quinta-feira de cada mês. Em um desses dias, pudemos ouvir um devoto dirigindo-se com todo o fervor e intimidade à imagem da Santa: *"Ah, minha Senhora! Se a Senhora soubesse como eu vim andando devagar até aqui... com essas dores... Só para conversar com a Senhora... essa missa é muito importante para mim, não sou ninguém sem conversar com a Senhora!"*.

Seja qual for a forma, lendária ou não, sob a qual Maria é representada, permanece, de qualquer maneira, como imagem de mãe dadivosa, na qual se pode confiar, e que dá força e confiança a seus devotos.

NOSSA SENHORA DA GRAÇA

De acordo com Ronaldo Vainfas e Juliana Beatriz de Souza, seria de Nossa Senhora da Graça a "primeira manifestação prodigiosa da Virgem na América Portuguesa". A índia Paraguaçu, mulher de Diogo Álvares Corrêa, o Caramuru, já havia sido recebida no seio da Igreja católica e batizada com o nome de Catarina. Em certa manhã do mês de maio de 1535, contou para o marido um sonho que tivera, no qual vira um navio destroçado, vários homens feridos e, em meio aos náufragos, uma mulher branca, belíssima, com um menino nos braços.

Após várias tentativas de localizar os destroços, entremeadas por sonhos sucessivos de Catarina Paraguaçu, finalmente foram resgatados os náufragos, que eram castelhanos, e, mais tarde, em uma palhoça, a imagem da Virgem com o Menino, em tudo semelhante às visões de Catarina. Diogo Álvares mandou erguer uma capela de taipa, onde colocou a imagem à qual deu a denominação de Nossa Senhora da Graça, em lembrança talvez de outra imagem milagrosamente encontrada por pescadores na praia portuguesa de Cascais.

Parece que este foi mesmo o primeiro santuário mariano da América Portuguesa. Hoje, a igreja da Graça deu nome a um bairro tradicional de Salvador, e dizem que a imagem que se encontra no altar-mor seria a mesmíssima sonhada e encontrada por Catarina Paraguaçu, que, aliás, está sepultada na própria igreja.

Como se vê, não se pode confundir Nossa Senhora da Graça com *Nossa Senhora das Graças*, da qual já falamos anteriormente, ao comentar o culto da Imaculada Conceição. Enquanto a primeira é de origem luso-baiana, a outra vem da França, e a sua aparição situa-se no primeiro terço do século XIX, marcando o início de forte empenho da Igreja no sentido de fazer de Maria o esteio da ação missionária empreendida na própria Europa para lutar contra a descristianização que então se alastrava. Atualmente, no Brasil, o culto de Nossa Senhora das Graças encontra-se muito difundido e não há igreja em que não se encontre a sua imagem, nem festa religiosa em que não se distribua a sua "medalha milagrosa".

TANTAS OUTRAS SENHORAS

Haveria tantas outras Senhoras de que falar, com as quais nos deparamos no decorrer da pesquisa: Nossa Senhora do Perpétuo Socorro (na igreja da Conceição e Boa Morte), cuja imagem reproduz um ícone milagroso que teria sido encontrado na ilha grega de Creta; Nossa Senhora da Guia (na igreja do Terço), cujo culto teria sido trazido pelos Carmelitas, em fins do século XVI, dando origem à fundação, na Paraíba, da belíssima igreja de Cabedelo; Nossa Senhora das Dores, encontrada em todas as igrejas, já que representa o sofrimento de Maria perante a Paixão do seu Filho, dor esta que costuma ser simbolizada por um punhal enfiado em seu peito; Nossa Senhora das Oliveiras (igreja de São Gonçalo Garcia e São Jorge), que parece remeter a algum antigo culto rural português; Nossa Senhora de Lujan (na mesma igreja), de origem argentina, e que parece ser na verdade mais uma representação de Nossa Senhora da Conceição; e Nossa Senhora da Lampadosa, que deu o nome à igreja da Avenida Passos, e cuja imagem teria sido trazida pelos próprios escravos, no século XVIII. Lenda piedosa que tenderia a assegurar que, até mesmo antes de chegarem ao Brasil, os escravos africanos já seriam devotos de Nossa Senhora... Mas a observação atenta da estátua mostra que, sem sombra de dúvida, é uma representação de Nossa Senhora do Rosário: mesma postura das mãos, mesmo Menino, mesma coroa, mesmos rostos de anjinhos aos seus pés. Tratando-se de uma devoção destinada aos escravos, tem tudo a ver.

Outras denominações marcantes de Maria, como Nossa Senhora do Carmo, ou das Mercês, ou do Desterro, ou da Piedade, não foram encontradas nas igrejas em que se deu a pesquisa. Ligadas a outras confrarias e irmandades, estão presentes em muitos outros templos do Rio de Janeiro. Isso sem falar da recentíssima introdução da devoção à imagem de "Maria Desatadora dos Nós", que aqui surgiu no ano de 2001, com a fama de ajudar prontamente a resolver problemas de qualquer natureza.[22] Mas a sua eventual descrição pouco acrescentaria àquilo que já sabemos do significado do culto mariano. Através de suas diversas invocações, permanecem constantes as suas características fundamentais. Mãe é uma só.

22. Reprodução de um quadro alemão que teria sido pintado no ano de 1700, e os detalhes da imagem mostram claramente tratar-se de mais uma representação da Imaculada Conceição.

Capítulo 3
SANTOS NEGROS

Por que iniciar a história dos santos encontrados em igrejas do centro do Rio pelos de tez escura? Por que classificar os santos pela cor? Que discriminação será essa?

A observação que deu início à primeira idéia de pesquisa ocorreu na igreja de Santo Elesbão e Santa Ifigênia, e o trabalho de campo, quase que sem querer, foi se estendendo para a igreja do Rosário, a da Lampadosa, e assim por diante. Com a pesquisa histórica, foi fácil verificar que todas as igrejas nas quais se observava a constância de uma devoção popular, marcada pelo relacionamento direto e por assim dizer "pessoal" dos devotos com as imagens dos santos, eram igrejas de irmandades, mantidas pelas respectivas comunidades, e se situavam todas na região que vai da Rua Uruguaiana até a Praça da República. Foram construídas no século XVIII, em campos alagadiços que iam além dos limites do Rio de Janeiro de então, separados que estavam pela Vala, canal aberto para escoar as águas da lagoa de Santo Antônio (hoje Largo da Carioca), e pelo muro edificado ao longo desta.

Naquela época, ocupavam, portanto, uma situação marginal em relação à cidade, que expressava o *status* também marginal dos seus moradores. Brasil Gerson conta que, naqueles tempos, a população se dividia em três categorias: "primeira, a dos moradores propriamente ditos, portugueses e seus descendentes; segunda, a dos peões, trabalhadores e artífices brancos; e terceira, a dos escravos e índios, na qual eram incluídos a dos 'infames por raça ou religião', os judeus, os degredados e os ciganos, confinados para lá da Vala".

Para lá da Vala era lugar de "não-pessoas", e a cobertura do canal, feita em meados do século XVIII, ao facilitar a expansão da cidade em direção do "campo dos ciganos" [hoje Campo de Santana], não aboliu contudo o significado atribuído à região. Nela, brotaram ermidas e igrejas que, ao mesmo tempo em que atestavam a integração de todos no seio da Madre-Igreja, permaneciam também como exemplo de maldisfarçada exclusão. Logo mais, relatarei a história da igreja do Rosário, exatamente construída na margem externa da Vala. Os percalços de sua construção ilustram claramente o jogo das relações entre as diversas hierarquias que então compunham a sociedade brasileira e que, ainda hoje, estão bem nítidas em meio ao tecido social.

Muitas dessas irmandades eram de negros, e se destinavam a ampará-los em vida e assegurar-lhes uma sepultura decente na morte. Até o decreto de 1851, que criou cemitérios públicos e acabou de vez com o costume de enterrar as pessoas nas igrejas, as mesmas regurgitavam de defuntos, mas, diz Luiz Edmundo, em *O Rio de Janeiro no tempo dos Vice-reis*, "só não se enterra na igreja o negro, embora crente em Deus, e, em algumas igrejas aristocráticas, o mulato". Negros eram jogados em ruas distantes, e entregues aos cuidados dos urubus. Nada mais urgente, portanto, que a criação, incentivada pela Igreja, das várias irmandades destinadas a assegurar-lhes uma sepultura cristã.

De modo que, em nossa pesquisa, acabamos por trabalhar com igrejas de "além-Vala", e que os santos de maior destaque, patronos das respectivas irmandades, resultaram ser, em sua maioria, santos negros. E, por esse motivo, começaremos pelo mais ilustre desses padroeiros, São Benedito.

SÃO BENEDITO
FESTEJADO A 4 DE ABRIL

Thomas Ewbank, viajante que morou no Rio de Janeiro em meados do século XIX, e que nos deixou um diário encantador em suas descrições do dia-a-dia da vida da cidade, achava que São Benedito fosse um "santo imaginário, criado pelos portugueses tendo em vista manter os escravos mais eficazmente submissos".

Tinha razão, sem dúvida, no que diz respeito à função política do santo, mas se enganava em relação à sua origem. São Benedito é personagem histórico, e sua vida transcorreu no século XVI, na Sicília, onde é cultuado sob o nome de *San Benedetto de Palermo*.

Nasceu em 1526, em San Fratello, perto de Messina, e morreu em Palermo, em 4 de abril de 1589. Era filho de um casal de africanos, trazidos como escravos para a Sicília e convertidos ao catolicismo. Liberto aos 18 anos de idade, Benedito ficou trabalhando no campo, e foi logo conhecido pela sua caridade: dava o seu salário para os pobres. Agregou-se a um grupo de eremitas que acabou liderando na ocasião da morte do seu fundador, Jerônimo Lanza. No ano de 1562, o Papa Pio IV, preocupado em controlar e unificar os diversos grupos religiosos que então proliferavam, ordenou que os mesmos se integrassem em Ordens já existentes. Benedito ingressa, por conseguinte, na Ordem Terceira de São Francisco, e passa a viver no convento de Santa Maria de Jesus, em Palermo. É alocado na cozinha, mas as suas virtudes lhe fazem eleger diretor dos noviços — apesar de analfabeto — e, mais tarde, "guardião" do convento. Diz a tradição que Benedito se julgava indigno de tanta honra e que, "terminado o tempo do seu cargo, voltou novamente ao seu ofício de cozinheiro, felicíssimo de reencontrar a vida obscura e oculta, objeto de todos os seus desejos". Nesse ponto, é impossível deixar de ver em Benedito o protótipo do "negro que conhece o seu lugar"... Nada surpreendente, portanto, que tenha sido escolhido como o padroeiro dos escravos trazidos para cá. Ou, mais provavelmente, a lenda do cozinheiro humilde e satisfeito foi devidamente forjada para dar o bom exemplo.

Câmara Cascudo relata um milagre que lhe foi atribuído: trazia ele o "lixo dos dormitórios do convento numa aba do hábito quando o Vice-rei da Sicília, encontrando-o, quis ver o que levava. Benedito mostrou-lhe a aba cheia de flores. "Esse episódio, repetição de um tema bem recorrente na vida de vários santos conhecidos,[23] tende a mostrar que até o lixo, metáfora da condição

---

23. Como Santa Isabel da Hungria, que trazia escondido o pão para os pobres, e cujo marido, desconfiado, encontrou rosas na dobra do vestido da rainha.

humilde, pode tornar-se em rosas aos olhos de Deus. A imaginária brasileira se apoderou desse episódio para produzir estátuas conhecidas como as de 'São Benedito das Flores'.

Em 1702, Frei Antônio do Rosário, em livro intitulado *Frutas do Brasil*, recorria a outra metáfora para ilustrar o mesmo tema da glorificação da humildade, comparando o negro Benedito ao açúcar mascavo: "De certo mascavado sei eu, e se lhe chamar retame, não o afronto, que terá maior preço do que muito açúcar branco, e de tão subido preço o açúcar Benedito, que todas as caixas, que se embarcarem para o Reino do Céu naquele dia, levarão a marca a Benedito". O cozinheiro do convento haveria de tornar-se o padroeiro dos mais humildes escravos, aos quais o reino dos Céus é prometido.

Aqui no Brasil, por conseguinte, Benedito tornou-se um poderoso auxiliar na conversão dos africanos, muito antes de ser cultuado oficialmente pela Igreja, pois a sua beatificação ocorreria somente em 1743, com o Papa Clemente XIII. Finalmente foi canonizado a 25 de maio de 1807, por Pio VII. Mas fazia muito tempo que, juntamente com os festejos do Rosário, era invocado pelos grupos de Congadas, Ticumbis, ou Moçambiques. Tais folguedos, instituídos pelos catequistas, desenvolviam o tema da luta entre mouros (e, por extensão, "pagãos" de qualquer tipo) e cristãos. E continuam retratando as batalhas, até nossos dias, como, por exemplo, esses festejos de Ticumbi, observados no Espírito Santo. É o rei de Congo quem desafia o rei de Bamba:

"*Vai no trono de reis de Bamba*
e vai dizê a ele
que a festa de São Binidito
ele no há de fazê-lo.
Se acauso ele intimá
Grande guerra havemo dá,
Que ô há de morrê tudo,
ô São Binidito festejá."

Por não ser cristão, o Rei de Bamba — de *mbamba*, "respeitado", "temido", que deu "bamba" entre nós — não tem o direito de festejar São Benedito, e somente o poderá fazer depois de converter-se, o que ocorrerá no fim da peleja, com proclamação bem ao gosto do sincretismo de linha banta:

*"Auê como está tão belo
o nosso Ticumbí!
Vai puxando pró seu rendimento
Que São Binidito
É filho de Zambí!"*

Zambi, ou, melhor dizendo, *Nzambi* em quimbundo, era o deus supremo dos escravos vindos de Angola...

A presença de São Benedito em todos esses folguedos havia de levar à elaboração de lendas justificativas de sua importância. Carlos Rodrigues Brandão ouviu velhos integrantes de grupos de Congo e Moçambique do interior do Estado de São Paulo contarem suas versões da vida do santo:

"Eu conto pro senhor. Conto porque sou um velho de 60 anos e disso bem que sei. São Benedito era vivente que nem nós. Depois passô, e morreu. Ele era escravo. Ele era companheiro dos escravos. Diz que era de Portugal. De Espanha ou de Portugal. Daí passaram a congada pra ele. Daí ele ficou sendo o chefe da congada." Nessa reinterpretação da hagiografia mantém-se a escravidão, e a origem ibérica dos folguedos produz o amálgama. Há, no entanto, apropriações mais lendárias:

"Começou com São Benedito no tempo que ele andava com Jesus. Porque esse São Benedito era padrinho de Jesus Cristo.(...) Na apresentação de antigamente, quando era um rapaz, um senhor que ia batizar, escolhia aquele senhor de idade que era de cor escura pra pegar aquele menino pra apresentar (...)

Tinha o padrinho, e tinha o padrinho-carregador. Assim foi São Benedito. São João foi quem batizou e São Benedito foi quem carregou."

É provável que a representação mais freqüente do santo, a imagem de um frade negro levando nos braços uma criança branca deitada em um pano, esteja na origem dessa lenda de Benedito como "padrinho-carregador" do menino Jesus. No tempo mítico, a cronologia relatada pelos Evangelhos desaparece, para fazer do padroeiro uma personagem ainda mais antiga que Jesus... Pode-se notar, no entanto, que, apesar da aparente valorização, a função humilde permanece, pois Benedito é definido como sendo padrinho-*carregador*. Mais ainda: em *todas* as imagens a que tivemos acesso desde o início da pesquisa, pudemos observar que o menino está sempre deitado, ou sentado, em um *pano branco*, e que *jamais*, por conseguinte, é tocado pelas mãos pretas do seu "padrinho".

A ambigüidade do *status* da cor do santo é bem visível em uma versão recolhida por Alceu Maynard Araújo junto a outros caipiras paulistas. Para eles, "era napolitano, *branco*, e foi evangelizar os pretos da África. Sendo mal recebido, *pediu para ficar preto* e assim facilitou o seu trabalho". Corretamente situado no reino de Nápoles e Sicília, o santo só foi ser preto por escolha, e quase que por culpa dos próprios africanos! Sem querer fazer uma leitura por demais politicamente correta, essa reinterpretação da vida de São Benedito sugere fortemente que "normal", para um santo, é ser branco...

Um folheto recolhido em dezembro de 1997,[24] durante a festa do santo em Serra (ES), traz o seguinte: "Fala-se de navio que trazia um carregamento de escravos e naufragou nas costas do Espírito Santo. Os náufragos pediam durante o afundamento a proteção de São Benedito. Os que se salvaram abraçados ao mastro do navio que os trouxe à terra fizeram a promessa de homenagear o Santo. Em sinal de gratidão, os negros pediram aos senhores que lhes dessem licença para puxar o mastro pelas ruas atado a uma junta de bois, que eram

---

24. Agradeço aqui a contribuição benévola de Valéria Burke, ex-aluna que nos trouxe extenso material.

enfeitados por flores silvestres". Invertendo a ordem dos fatos, aqui os escravos já chegam como devotos do santo, e os senhores apenas consentem à implantação da festa.

Todas essas tradições convergem para a relevância do culto de São Benedito para a conversão e o controle da escravaria. Julita Scarano, que dedicou importante livro ao estudo das irmandades no Brasil, é de opinião que já existiam Confrarias de Pretos em Portugal, desde que a colonização portuguesa se dera, ao longo das costas africanas. Mostra, inclusive, que foram freqüentemente absorvidas no seio das irmandades de brancos — mantendo os negros em posição subalterna dentro delas — ao passo que, no Brasil, "prefeririam manter a separação". E, nesse processo, o culto de Nossa Senhora do Rosário, tradicional padroeira da conversão e da derrocada dos "infiéis", passou a contar com o poderoso acréscimo da devoção a São Benedito.

No Rio de Janeiro, a Irmandade de Nossa Senhora do Rosário e São Benedito dos Homens Pretos parece ter sido fundada no início do século XVII,[25] e se instalou na igreja de São Sebastião do Morro do Castelo. Mas, por causa de desavenças com o cabido, resolveu construir uma sede própria, edificada em um terreno à beira da Vala, que lhe havia sido doado em 1700. Para tanto, contou com o apoio do governador Luiz Vahia Monteiro, o famoso "Onça", e já pôde se instalar na igreja em 1725. Mas, poucos anos depois, a Sé do Castelo começou a ruir e os prelados da Sé logo requisitaram a nova igreja para nela se instalar! É impossível resistir à tentação de deixar a palavra a Joaquim Manuel de Macedo, que, em meados do século XIX, conta os detalhes da briga:

"A corporação capitular, que brigara no templo de São Sebastião do Castelo com a Irmandade de Nossa Senhora do Rosário e São Benedito, foi bater à porta da igreja da mesma Irmandade no ano de 1737! A porta lhe foi aberta de má vontade e só por obediência, e monsenhor Pizarro se admira de que os pretinhos não se mostrassem satisfeitos pela honra que recebiam, hospedando o cabido!"

25. "Antes de 1639", de acordo com Joaquim Manuel de Macedo.

Outras irmandades, de brancos, já haviam recusado essa honra... Os "pretinhos" se queixaram ao rei, que mandou o governador insistir junto ao cabido para que se desse andamento à construção da Sé. Não que se preocupasse com eventuais direitos da irmandade, mas por julgar — são as suas próprias palavras — "não ser decente que o mesmo prelado e o cabido estivessem celebrando os ofícios divinos em uma igreja emprestada e de mistura com os pretos". Mas as obras da Sé demoraram *setenta e um anos*, e as desavenças foram muitas.

Mais tarde, foi no consistório da mesma igreja que se instalou o Senado da Câmara [1809-1812 e 1820-1825], foi de lá que saiu o memorial do "Fico" e que, em março de 1824, se abriu o livro de voto para aprovação ou rejeição da Constituição oferecida pelo imperador D. Pedro I. Foi também lá que começou a funcionar a Imperial Academia de Medicina, em 1829. Como se vê, a cada vez que alguma instituição precisava de algum local, se instalava na "igreja dos pretinhos", que só tinham que aceitar...

Mas usavam também para as suas próprias tradições. As festas do Rosário eram imponentes, e Brasil Gerson nos fala da eleição, a cada ano, de um rei e uma rainha, "eleitos entre os mais dignos da irmandade, e eram como reis autênticos, cobertos de ouro e prata, que eles se vestiam para as devoções dentro da igreja e para as procissões que encantavam a cidade". Essas procissões, diga-se de passagem, deram origem ao desfile dos Ternos de Reis e Ranchos, que acabaram mais tarde se transformando nas primeiras escolas de samba.

A igreja, que sofreu severo incêndio em 1967, ainda abriga, sob as suas lousas, o túmulo de Mestre Valentim. A irmandade permanece viva e atuante. Suas missas e procissões são muito concorridas, especialmente a que festeja o nascimento de São Benedito.[26]

Em todo o Brasil, a festa de São Benedito costuma ser móvel. Em vários lugares, ocorre no mês de dezembro, como é o caso de Serro (ES), já citado, ou em

---

26. Todo primeiro domingo de cada mês, às 11 horas, é realizada a "Missa da Compromissão da Irmandade Nossa Senhora do Rosário e São Benedito dos Homens Pretos", muitíssimo concorrida, como tive a oportunidade de presenciar.

Belém, onde Câmara Cascudo registrou a devoção a um São Benedito da Praia, cuja imagem teria sido encontrada numa maleta boiando no rio. Mas é também freqüente ser celebrado no dia 13 de maio, o que nos leva de volta ao "santo dos escravos", ainda que hoje libertos.

Recentemente, o prefeito da cidade de Palermo resolveu reativar o culto de Benedito, proclamando-o padroeiro da cidade, no intuito de combater as manifestações de racismo ocorridas na Itália diante do aumento da presença de imigrantes, africanos ou médio-orientais, e incentivadas pelas famigeradas *Lighe*, de inspiração fascista. Em entrevista publicada pela revista *L'Histoire* em 1998, esse louvável propósito é ilustrado pela fotografia de belíssima estátua do santo. Mas, infelizmente, lá como cá, o contato direto entre as mãos negras e o róseo traseiro do Menino tampouco se dá, impedido que está pela "proteção" de um pano branco...

SANTO ANTÔNIO DE CATEGERÓ

Categeró ou Catageró? Por que não Caltagirone, ou até mesmo Catajerônimo? Todos esses nomes são arrolados por Luís da Câmara Cascudo, em seu clássico *Dicionário do Folclore Brasileiro*. A multiplicidade de nomes sugere que talvez se trate de santos diferentes ou, então, de um santo só, a respeito do qual as informações terão sido passadas pela tradição oral, que se presta a múltiplas deformações. O fato é que, na tradição escrita e, especificamente, nas numerosas enciclopédias católicas que pude consultar na biblioteca da PUC-Rio, nada consta a respeito de um qualquer santo associado a qualquer um desses nomes. Que o nome esteja equivocado, é bem possível. Mas não se pode negar que Santo Antônio de Categeró seja alvo de constante devoção.

Foi na igreja de Santo Elesbão e Santa Ifigênia, na Rua da Alfândega, que tomei conhecimento dessa devoção. Mais tarde, pude encontrar a sua estátua em várias igrejas históricas de Minas, e até mesmo adquirir uma bela imagem em um antiquário do Rio de Janeiro.

Na igreja de Santo Elesbão, a sua estátua, quase que em tamanho natural, está colocada sob redoma de vidro. O santo veste uma capa escura sobre uma túnica comprida, de cor marrom, com grandes flores estampadas em tons amarelo, marrom e branco. O rosto e as mãos são pretos, e as mãos, estendidas para a frente, sustentam grande número de rosários dependurados. No folheto com "santinho", que pode ser adquirido na mesma igreja, as vestes aludem claramente ao hábito franciscano. O santo ergue uma cruz com a mão esquerda, fazendo o gesto de abençoar com a direita.

Câmara Cascudo escreve que, "no hagiolário católico, há um 'Santo Antônio Preto', terceiro franciscano, nascido de família muçulmana, em Barca de Cirenaica, África do Norte: aprisionado pelos cristãos, e feito remeiro nas triremas sicilianas, depois vendido como escravo a um camponês de Noto, na Sicília. Convertido, liberto, tomou o hábito franciscano, fazendo vida de piedade e assistência, tido em vida no aroma de santidade. Faleceu a 14 de março de 1549, em Noto, perto de Siracusa".

Informações parecidas, em relação ao mesmo "Santo Antônio Preto", constam da *Grande Enciclopédia Portuguesa e Brasileira*: "Preto, natural da Guiné Portuguesa, que foi aprisionado a bordo de uma galé por um navio siciliano. Instruído na fé cristã, tais provas deu de sua inteligência e devoção, que lhe foi consentido tomar o hábito de franciscano. Enfermeiro desvelado dos indigentes, foi depois fazer vida eremítica. Os sicilianos atribuíram-lhe milagres e tiveram-no por santo. Faleceu em Noto, no ano de 1549, e, após sua morte, houve grande devoção pelas suas relíquias. *A Cúria Romana parece que não o beatificou, mas consentiu que lhe pusessem nas imagens a coroa da bem-aventurança, confirmando assim tacitamente a beatificação popular*" (grifo meu). Nada surpreendente, portanto, que não conste das enciclopédias católicas.

O *Resumo da vida de Santo Antônio de Categeró*, que consta do folheto com "santinho" adquirido na igreja de Santo Elesbão, retoma as informações referentes a Santo Antônio Preto, inclusive o lugar de nascimento de acordo com Câmara Cascudo, a data da morte, e acrescenta que "foi enterrado na igreja de Santa Maria de Jesus [em Noto]. No dia 13 de abril de 1599, depois de 50 anos de sua morte, aberto o seu sepulcro foi encontrado o seu Santo corpo íntegro". Conclui conclamando os devotos a freqüentar a sua igreja, "Igreja Santuário Santo Antônio de Categeró", na Penha, onde estaria sendo venerada "a sua verdadeira imagem vinda diretamente da África"[sic].

Esse tema da origem africana, por conseguinte duplamente legitimada, já foi assinalado anteriormente, a respeito da imagem de Nossa Senhora da Lampadosa, que teria sido trazida pelos próprios escravos desterrados para o Brasil. Ou seja: já eram cristãos, e devotos. Não por acaso se trata da ilha de Lampedusa [Lampadosa é corrutela], situada ao sul da Sicília, exata etapa entre a Itália e a África do Norte. A história dos mercados de escravos ao longo dos portos do Mediterrâneo, e sua eventual articulação com o tráfico negreiro dirigido para as Américas, talvez estejam para ser ainda escritas. Em todo caso, no nível das lendas piedosas, tudo deixa supor que ordens religiosas trazidas da Itália, e mais especificamente da Sicília,[27] para o Brasil, utilizaram referenciais já existentes em sua terra de origem para propor, aos escravos, modelos notáveis de virtudes cristãs. São Benedito, de *Palermo*, sendo disso o melhor exemplo.

Havia tantos santos disponíveis que o próprio Câmara Cascudo, no mesmo verbete consagrado a todas as variedades de santos de nome Antônio, depois de estabelecer a existência de um Santo Antônio Preto, assegura que nada tem a ver com Santo Antônio de Categeró, "ou ainda Cantejerona, corrução de Caltagirone, na Sicília", que seria "outro santo franciscano, falecido em 1515, e *não preto*"(grifo meu). Teríamos, portanto, dois franciscanos, santos populares ou beatos, um preto e o outro não, ambos ligados à Sicília, que hoje estariam amalgamados pela devoção popular.[28]

---

27. O verbete que a *Enciclopedia Cattolica* [editada pelo Vaticano] dedica à "história religiosa" da Sicília oferece poderoso sustento à nossa hipótese, mormente pela situação geográfica da ilha, ponto de encontro entre culturas ocidental, oriental e africana.

28. Acresce que existe, na Sicília, um santo de muita devoção, São Calógero. De nome obviamente grego, mas que não deixa de lembrar o nosso Santo Antônio, esse anacoreta teria falecido *circa* 485. E, na descrição de Andrea Camilleri (2002), romancista siciliano, a sua imagem seria a de um santo negro...

Em 1986, Monsenhor Salvatore Guastella publicou em São Paulo pequeno livro consagrado à vida de Santo Antônio de Categeró, no qual fica claro tratar-se de Antônio de Noto. Apóia-se basicamente em duas fontes: um texto de 1595, redigido com o propósito de instruir o processo de beatificação (*De vita, morte e miraculis condam Antonii Negri etc.*) e, da autoria de um Frei Antonio Daça, *Vida y milagros del hermano Antonio de Calategerona [sic], santo negro de la Tercera Orden, colegida de tres procesos autenticos, y de noventa testigos jurados*, publicada em 1611. Daça, ao que parece, só faz retomar o relato processual, acrescentando-lhe a transcrição de maior número de testemunhas de santidade. A atribuição da origem de "Calategerona" não foi vista como problemática por Guastella, que julga tratar-se de mais uma corrutela: "O termo 'Calategerona', modificado de 'cartagenês'[sic], indica a origem africana de Antônio; em Noto, ele era chamado 'etíope' pelo mesmo motivo", sendo que essa designação, na Sicília então coalhada de escravos, teria a finalidade, diz ele, de distinguir os africanos dos escravos nascidos no cativeiro.

Guiné, Etiópia, Cartago ou Cirenaica: os antigos autores pouco se preocupavam com a precisão geográfica. A cidade de Caltagirone, conforme verbete da *Enciclopedia Italiana di Scienze, Lettere ed Arti*, faz parte da Sicília Oriental, seu nome vem do tempo dos sarracenos e significa "o castelo da gruta"(*Qual'at al-ghiran*), o que acrescenta mais um sabor árabe à história, mas nada consta a respeito de um Santo Antônio que seja. Só se fala nos terremotos que várias vezes arrasaram a cidade, e na excelência de suas faianças, herança sarracena também. Na mesma enciclopédia, o verbete dedicado à cidade de Noto tampouco assinala a presença de algum santo Antônio, mas fala na "gruta de São Conrado", lugar de eremitismo no qual o nosso "Antônio Etíope" se teria recolhido, no dizer de Monsenhor Guastalla.

Interessante é que, por mais entusiasta da devoção ao santo que seja, o autor paulista não fornece evidência alguma de que o processo de beatificação tenha sido concluído de modo favorável. Ainda que Frei Daça tenha escrito que "a Inquisição, vendo os milagres e a grande santidade de Antônio, deu permissão para que suas estampas tivessem um diadema ou auréola na cabeça, em sinal da glória que ele já goza na bem-aventurança", Monsenhor Guastalla, cauteloso, observa que, "até agora, não foi possível saber quando e onde a competente autoridade eclesiástica autorizou a impressão de sua imagem com auréola".

Isso não impede que, na cidade de Noto, as freiras do convento de Santa Maria de Jesus continuem guardando, no coro da igreja, uma urna com a inscrição *Ossa Beati Antonii Aethiopis*. Desses ossos, o nosso autor foi autorizado a retirar o antebraço direito, de modo a poder levar essa relíquia para São Paulo, onde se encontra, hoje, na igreja matriz de Nossa Senhora do Ó. Parece que temos aqui um exemplo daquelas formas de "beatificação popular", tão usuais antigamente, e talvez um pouco mais escassas na época moderna. Por mais que se queira exercer a crítica histórica, no campo das crenças e valores a história factual sempre perde, diante da elaboração mítica.

Nos tempos da escravidão, os catequistas lançavam mão de várias lendas para proporem modelos de bons escravos cristãos. Hoje, os empreendimentos politicamente corretos não dispensam tampouco o apoio que santos negros, históricos ou não, oficialmente canonizados ou não, lhes podem fornecer. E Santo Antônio de Categeró, que era de Noto e que, provavelmente, nunca chegou sequer a ser beatificado,[29] continua sendo poderoso e, pelo que pudemos presenciar, muito solicitado.

SÃO BALTAZAR
FESTEJADO A 6 DE JANEIRO

Encontramos a sua efígie na Lampadosa e na igreja de Santo Elesbão. É um rei negro, bem luzidio, com coroa dourada, grande capa marrom enfeitada por

---

29. Os documentos apresentados por Guastalla dizem respeito ao *processo* de beatificação, mas em parte alguma se fala da decisão da Igreja a respeito. Se beatificação houvesse, no mínimo teríamos a data em que foi proclamada. Pelo jeito, de nada adiantaram as noventa testemunhas arroladas por Frei Daça...

florões também dourados, e saiote verde-claro bordado a ouro. Tudo nele brilha e sugere riqueza e poder.

Nem podia deixar de ser, pois se trata de um dos reis magos. O evangelho de São Mateus diz o seguinte:

"Tendo, pois, nascido Jesus em Belém da Judéia, no tempo do rei Herodes, eis que vieram do oriente a Jerusalém uns magos que perguntavam: onde está aquele que é nascido rei dos judeus? Pois do oriente vimos a sua estrela e viemos adorá-lo."

Mateus prossegue relatando a inquietação do rei Herodes, que instrui os magos a voltarem junto dele para informá-lo com precisão da localização do lugar de nascimento desse "rei". Guiados pela estrela, "entraram na casa, viram o menino com Maria sua mãe e, prostrando-se, o adoraram; e abrindo os seus tesouros, ofertaram-lhe dádivas: ouro, incenso e mirra. Ora, sendo por divina revelação avisados em sonhos para não voltarem a Herodes, regressaram à sua terra por outro caminho".

Como se vê, não diz quantos eram os magos, nem tampouco os chama de reis. Parece que a tradição foi se elaborando aos poucos. Nos primeiros séculos do cristianismo, aparecem pinturas nas Catacumbas romanas, que os apresentam em números variáveis, ora dois, ora quatro "magos" reconhecíveis pelas roupas de estilo frígio, inclinados em postura de saudação. A representação, hoje canônica, de três homens de idades diferenciadas — um jovem, um adulto, um ancião — somente se afirma no século VII, quando são também estabelecidos os seus nomes. "*Melquior* é o ancião, e oferece o ouro ao Senhor, como se faz para com os reis; *Gaspar* é jovem, e apresenta o incenso para o Cristo, em sua qualidade divina; *Baltazar*, que é negro, traz para Jesus a mirra, em prenúncio de sua morte."[30] A mirra, utilizada para o embalsamento, aludia então à morte.

---

30. Encontrei essa bela interpretação simbólica no *Dictionnaire d'histoire et geógraphie ecclésiastiques*.

Não se sabe quando foi que os magos foram transformados em reis. No trecho de São Mateus, fala-se muito em realeza: rei dos judeus, rei Herodes, mas este, como se sabe, viu em Jesus um possível concorrente, e mandou matar todos os meninos recém-nascidos. Atribuir uma realeza aos magos [antes, sábios sacerdotes] permitia mostrar as diversas ordens da sociedade curvando-se perante o Menino. Os pastores, que só aparecem no evangelho de São Lucas, representando o povo, e os anjos, presentes no mesmo evangelho, estabelecendo o contato entre Céu e Terra.

Ao longo da Idade Média, lendas foram brotando em torno dos reis magos. Seus corpos, encontrados na Pérsia, teriam sido transportados para Constantinópolis e depositados por Santa Helena — que também descobrira a Verdadeira Cruz, junto com outras tantas relíquias ilustres — na igreja de Santa Sofia. Mais tarde, reunidos em uma única urna, teriam sido levados para a catedral de Milão, de onde o imperador Frederico Barbarossa os tirou quando arrasou a cidade, em 1162. Finalmente, parece que encontraram um descanso seguro na catedral de Colônia. Os *Petits Bollandistes*, que não vacilam em registrar as lendas mais fantásticas, informam que Melquior morreu com a idade de 116 anos, em um primeiro de janeiro, Baltazar com 112, no dia 6 do mesmo mês, e Gaspar com 109, na mesma data. Infelizmente, não levam a precisão até esclarecer em que anos respectivos isso se deu...

Em todo caso, é no dia 6 de janeiro que se festejam os Santos Reis. No Brasil, foi esta a origem dos *Reisados* e *Folias de Reis*. "Muitos caipiras dizem que os Reis Magos são: Rei Branco, Caboclo e Congo", reinterpretando ao seu modo aquilo que Roberto Da Matta chamou de "fábula das três raças". Maynard Araújo, que recolheu essa tradição no interior do Estado de São Paulo, esclarece que, no caso, Baltazar, o "Rei Congo", é o primeiro a chegar, trazendo incenso, seguido pelo Rei Caboclo, Gaspar, com a mirra, e, por fim, pelo Rei Branco, Melquior, levando ouro. Ao chegar à lapinha, o Rei Congo *"não tentou entrar, de medo de assustar o Menino, devido à sua cor. O Menino disse que chegasse, não tinha medo, pois todos são iguais"* (grifo meu). Inversão rara de se encontrar, o negro é valorizado, ainda que *a priori* assustador. Em trabalho mais recente, Núbia Gomes e Edimilson Pereira levantaram tradições diferentes no interior de Minas: em Santo Antônio do Baú, o rei negro é Melquior, e sua cor lhe adveio em castigo por um terrível pecado: cometeu incesto com a mãe, e *"pagô com a cor, ficano preto"* [sic]. Mas na comunidade dos Arturos, devotos do Rosário, em Contagem, a história é outra: *"O que eu sei é que o negro é Baltazar. O Melchô é muito pecadô. Coitado. Aquele pecado mais feio"*. Ao que parece, a atribuição da cor como castigo depende do grau de auto-aceitação e, obviamente, de preconceito da sociedade circundante. Isso deve nos incutir certa cautela, quando se trata de interpretar os achados da pesquisa de campo.

Esses autores mineiros assinalam outra tradição curiosa, a do "quarto Rei Mago", conhecido como Rei Cigano. Em busca de Belém, este mago se atrasou, ocupado que estava em cuidar de pessoas necessitadas ao longo do caminho da estrela.[31] Demorou tanto, que só chegou perto de Jesus quando este se encontrava pregado na Cruz. Morreram na mesma hora e entraram juntos no Céu. Tão poderoso que não se deve pronunciar o seu nome, o Rei Cigano é cultuado em segredo e tem um lugar privilegiado na Folia de Reis: "É ele quem caminha na frente da bandeira, invisível".

O culto dos Santos Reis nos fala de mistérios, de riquezas e de ambigüidades. Na igreja da Lampadosa, o Rei Negro desde sempre foi objeto de rituais específicos. Sede de uma confraria de mulatos, no dizer de Nina Rodrigues, a igreja se "havia constituído em nobre necrópole dos africanos da cidade" e, na primeira parte do século XIX, o pintor Jean-Baptiste Debret havia retratado, entre as gravuras de sua *Viagem Pitoresca e Histórica ao Brasil*, o "enterro do filho de um rei negro" naquela "pequena igreja servida por um Padre negro". Isso deixa supor que, apesar do peso da escravidão, existia no Rio de Janeiro, como na Bahia e no Recife, uma sociedade por assim dizer paralela, na qual os rituais e as estruturas da sociedade mais ampla eram utilizados para a manutenção da cultura africana.

---

31. Parece que temos aqui mais uma inversão em relação aos estereótipos comuns, pois os ciganos são geralmente vistos como aqueles que *tiram* os bens alheios.

Brasil Gerson assinala que, todos os anos, havia na Lampadosa "a colorida e ruidosa evocação do rei Baltazar, representado por um escravo eleito entre os de mais categoria da cidade". Rei de brincadeira, sem dúvida, único meio de tornar a comunidade negra visível aos olhos da sociedade mais ampla...

Thomas Ewbank visitou a igreja, em 1846, quando lhe chama a atenção a presença, no altar-mor, ao lado da padroeira, da estátua de "Baltazar, rei do Congo" [sic]. E, acuradamente, observa que "foi esse o segundo templo dado aos negros, sendo o primeiro a igreja do Rosário. É óbvia a política de ter um padroeiro negro em cada igreja, e daí estar Baltazar numa delas e Benedito na outra". Mas, enquanto Benedito, o cozinheiro do convento, era proposto como modelo do "negro que conhece o seu lugar", Baltazar, rei lendário, mantinha viva a lembrança da realeza, no porte majestoso e nas roupas brilhantes.

E até hoje é visto como santo muito poderoso pelos freqüentadores da igreja. Nos punhos da estátua, há um amontoado de fitas de cores diversas. A pessoa desejosa de fazer-lhe uma promessa retira uma dessas fitas, que, em princípio, corresponde à "medida do santo", ou seja, ao tamanho da efígie.[32] Logo que "a graça foi recebida", como dizem os devotos, é preciso voltar com sete pedaços de fita do mesmo tamanho e colocá-los nos punhos da estátua, à espera de outros devotos, desejosos do apoio — ao que nos disseram, infalível — do poderoso rei Baltazar.

SANTO ELESBÃO
FESTEJADO A 27 DE OUTUBRO

Com Santo Elesbão, voltamos a presenciar o poder da realeza. Mas à diferença do precedente, cuja existência é puramente lendária, aqui se trata de um

---

32. Esse costume ibérico, antigo, pode ser observado em relação a Santo Antônio de Pádua (ver adiante) e, em certos casos, ao Menino Jesus. Esta é também a origem das famosas "fitinhas do Senhor do Bonfim", inicialmente "medidas" de alguma estátua.

personagem histórico, cuja trajetória é atestada por numerosos documentos. Foi um rei etíope, contemporâneo do imperador Justiniano, e cujos feitos são até hoje celebrados no modo épico.

Mas é forçoso dizer que, entre nós, muito pouca gente ouviu falar nele. E, no entanto, há no centro da cidade do Rio de Janeiro uma igreja que leva o seu nome, junto com o de Santa Ifigênia. Santo Elesbão está no altar-mor, na forma de um guerreiro, de lança na mão, que a enfia na garganta de um homem deitado a seus pés. Tratar-se-ia da imagem original, do século XVIII, "trazida pelo grupo de escravos que teriam dado origem à igreja", conforme Cláudio Bardy. Esta é uma história já nossa conhecida... No dia da festa do santo, a 27 de outubro, é colocada, junto da balaustrada do coro, mais perto dos fiéis, uma pequena [não mais de 40 cm] imagem de madeira representando o santo nas feições de um homem de rosto e mãos bem pretos, com grande resplendor na cabeça, vestido com túnica comprida, escura, capa mais clara, e com um inimigo deitado a seus pés, de rosto e braços brancos, contorcendo-se. A lança do guerreiro é transformada, na parte superior, em grande cruz, sugerindo que foi pela força da fé, e não das armas, que o santo venceu.

Na *Grande Enciclopédia Portuguesa e Brasileira*, recebe um verbete que sugere uma antiga tradição de devoção lusa: "Rei da Abissínia, chamado o *Bem-aventurado* pelo zelo com que defendeu o cristianismo no tempo do imperador Justino o Velho. O seu verdadeiro nome era Caleb. Fez cessar a perseguição movida contra os cristãos, na Arábia. Renunciou depois ao trono, fazendo-se monge basílio. Morreu a 27 de outubro, data em que o celebra o martirológio romano, no ano de 563. José Pereira de Santana escreveu a vida deste santo em: *Os dois Atlantes da Etiópia, Santo Elesbão imperador XLVII da Abissínia, advogado dos perigos do mar, e Santa Ifigênia, princesa da Núbia, advogada dos incêndios nos edifícios*, Lisboa, 1735, o vol. 1, e 1738, o vol. 2". Alhures, Luiz Mott assegura que o autor desse livro de título tão alentado era "carmelita observante, qualificador do Santo Ofício, provincial e cronista geral de sua província de Portugal" e... carioca de nascimento.

O *Dictionnaire d'histoire et géographie ecclésiastiques* consagra várias páginas ao "Rei da Abissínia", das quais traduzo as passagens mais relevantes para o nosso propósito:

"'Elesbaan', ou 'Ella-Atsbeha-Caleb', o mais ilustre entre os imperadores da Etiópia (...) Aliado fiel de Bizâncio, foi celebrado pela hagiografia cristã, ocidental e até mesmo latina, por ter empreendido uma expedição guerreira no sul da Arábia, a fim de vingar a comunidade cristã de Nedjran, martirizada por um príncipe da região." O autor do verbete passa em revista vários textos, de origem bizantina em sua maioria, para apurar fatos e datas. Chega à conclusão de que não houve a "pretensa conversão deste soberano ao monaquismo, nem a lendária remessa de sua coroa de ouro, como ex-voto, para Jerusalém".

Tratar-se-ia de uma lenda criada por Bizâncio para assegurar a sua hegemonia sobre o Oriente Médio, e igualmente reforçar a expansão do monaquismo: nada mais legitimador do que mostrar um grande rei desistindo da coroa para se tornar um simples monge.

Em compensação, são numerosos os documentos que permitem visualizar a campanha empreendida por Elesbão. No século VI, o rei Dzou-Nouvas, "último herdeiro de uma linhagem judaizante", empreendeu a conquista de várias cidades da Península Arábica, entre as quais Zafar e Nedjran, onde massacrou a população cristã em novembro de 524. Estima-se o número de vítimas em torno de quatro mil, das quais 427 religiosos, queimados vivos. O imperador Justiniano escreve para Elesbão, pedindo providências. No dia 18 de maio de 525, a frota armada por este invade as costas. Elesbão reconquista as cidades e restabelece o cristianismo. Não pára por aí. Outras batalhas são ganhas, dando origem a várias lendas, relatadas na epopéia nacional da Etiópia, *Kebra Nagast* [Glória dos Reis].

A Igreja romana, por sua vez, associou o nome de Elesbão ao de dois outros importantes evangelizadores da Etiópia, para festejá-los no dia 27 de outubro.

É claro que a representação de Santo Elesbão como guerreiro negro matando um branco chamou logo a nossa atenção. Trata-se de uma determinação da Igreja, e Mott reproduz as estipulações destinadas a nortear a confecção da estátua:

"Santo Elesbão deve ser pintado ou esculpido da seguinte forma: preto na cor do rosto e das mãos, que são as partes do corpo que se divisam nuas; cabelo revolto, à semelhança daquele com que se ornam as cabeças dos homens de sua cor; as feições parecidas às dos europeus, nariz afilado, forma gentil, idade de varão, cercilho de religioso, coroa de sacerdote, hábito de carmelita, estará com a mão direita cravando uma lança no peito de um rei branco (Dunaan), estando este submetido de meio-corpo ao pé esquerdo do santo que o pisa, terá diadema aberto sobre cabelo anelado, rosto trigueiro, melancólico e feio, atado com cadeia de ouro no pescoço e mãos."

Essas recomendações foram redigidas por Frei Santana, que, além de autor dos dois volumes dedicados aos *Atalantes da Etiópia*, era também, no dizer de Luiz Mott, "qualificador do Santo Ofício", isto é, da Inquisição. Nos países ibéricos, o Santo Ofício incluía em seus quadros o cargo de Censor e Fiscal das Pinturas Sagradas, encarregado de vigiar a confecção de todas as imagens, de modo que *"no se pinten historias de sanctos ni retablos sin que sean primero examinadas y las que estan pintadas siendo apocriphas o mal pintadas se quiten y pongan outras como combengan"*.[33] No período pós-tridentino, o controle da Igreja sobre a produção da imaginária sacra era total.

A história do rei Elesbão mostra que o guerreiro branco, freqüentemente interpretado como sendo "um rei mouro", era, na verdade, judeu. A ambigüidade da representação, além de sua estranheza — como é possível ver um negro vencendo um branco? —, permitia realizar a fusão entre as duas categorias segregadas pelos cristãos ibéricos, que instituíram a Inquisição, em 1478 na Espanha e em 1536 em Portugal, para extirpar a heresia dos cristãos novos e dos descendentes de mouros. Lembramos que a Reconquista só findou em 1492, com a retomada de Granada, e ainda que, em princípio, judeus e muçulmanos forçosamente se converteram ao cristianismo, para poderem continuar a viver na península ibérica, o fato é que, para sempre, permaneceram suspeitos de

---

33. Texto lavrado pelos bispos reunidos em Toledo em 1596. Observe-se que, naquele ano, Portugal estava sob governo espanhol.

manterem, às escondidas, suas práticas ancestrais.³⁴ No Brasil, para onde muita gente foi mais tarde desterrada por suspeita de heresia, o culto de Elesbão bem que podia incluir essa dimensão, fazendo dele um dos padroeiros do extermínio dos cristãos novos.

A favor dessa hipótese, temos os *Petits Bollandistes*, que, a meio caminho entre história e lenda, relatam: "Os Homeritas, entre os quais *havia grande número de judeus* (...) eram governados, naqueles tempos, por Dunaan ou Danaan [var. Dsunowa]. *Era um judeu que havia usurpado o poder. O ódio que tinha do cristianismo fazia dele o perseguidor daqueles que o professavam*" (grifo meu). O texto passa em revista todos aqueles que Dunaan [Dzou-Novas] mandou exilar, decapitar etc. Esses mártires estão listados nos calendários "ocidentais, orientais e moscovitas"[sic]. Após descrever sumariamente a campanha vitoriosa de Elesbão, o texto repete a tradição da passagem do rei para o estado monástico, quando vive apenas de pão, ervas e água: "É por vezes representado como eremita, ajoelhado diante da cruz, com a sua coroa no chão".

Em sua descrição da igreja de Santo Elesbão e Santa Ifigênia, Duque Estrada explica que "o guerreiro golpeia o inimigo Dunnam, chefe da tribo hamenita, *pagão* e inimigo dos abissínios"(grifo meu). O rei judeu virou pagão, chefe de tribo.³⁵ Voltamos aos estereótipos encenados pelas Congadas. Aqui o "mouro" é branco, e o negro, cristão. A aparente inversão só faz ressaltar o triunfo do catolicismo.

O "santinho" adquirido na igreja afirma expressamente, assim como Frei Santana, que Santo Elesbão é "protetor dos marítimos", pois "limpou o mar Vermelho de todos os piratas que assaltavam duplamente a vida do corpo e da

---

34. Basta, para se convencer disso, ler os depoimentos recolhidos pelo Santo Ofício da Inquisição de Lisboa em sua visitação à Bahia, no ano de 1591: pessoas humildes, aterrorizadas, se apresentam para saber se são hereges, pois os comportamentos mais corriqueiros, como o de varrer o chão na tarde de sexta-feira, podem ser tomados como sinal de cripto-judaísmo! A leitura dessas *Confissões da Bahia*, organizadas por Ronaldo Vainfas, é ao mesmo tempo deprimente e imprescindível, para se entender alguma coisa dos sistemas totalitários.
35. O *Dictionnaire d'Histoire et Géographie Ecclésiastiques* fala do povo *himiyarite*, grupo cristão da Arábia, que nada tinha de tribal.

alma", numa extensão talvez algo forçada das campanhas vitoriosas do rei abissínio... Chama-o também de "Leão de Judá", o que não nos deve surpreender, porque, conforme os cálculos de Frei Santana, teria sido nada menos que o quadragésimo sétimo neto do rei Salomão com a rainha de Sabá... A lenda, como sempre, acaba se sobrepondo à história.

SANTA IFIGÊNIA
FESTEJADA A 21 DE SETEMBRO

Na verdade, é mais comum, no Brasil, encontrá-la como Santa *Efigênia*. Com essa grafia, que pouco muda a pronúncia, deu o nome a um bairro do centro da cidade de São Paulo, que se construiu em volta de sua igreja, bonita e bem conservada. No Rio de Janeiro, faz par com Santo Elesbão, já que, conforme Mott, "imagens de ambos os santos eram alvo de grande veneração no convento dos carmelitas de Lisboa, sendo estes frades certamente os introdutores de sua devoção na América portuguesa". Enquanto a implantação do culto de São Benedito e de Santo Antônio de Categeró, ambos originários da Sicília, pode ser atribuída a franciscanos da mesma região, a introdução de Santo Elesbão e Santa Ifigênia estaria ligada aos carmelitas portugueses. Em ambos os casos, de qualquer maneira, tratava-se de modelos de devoção cristã dirigidos especificamente aos escravos africanos, mostrando que, desde as primeiras eras do cristianismo, havia negros que não apenas se converteram, mas ainda lutaram pela fé.

À diferença dos varões, cuja existência histórica é comprovada, Ifigênia parece ser uma figura exclusivamente lendária.

Comparece nas páginas da *Lenda Áurea* do dominicano Jacopo da Varazze, clássico tratado de hagiografia do século XIII, mas como personagem secundária, em episódio final da vida de São Mateus, o evangelista. Seis séculos mais tarde, a lenda é retomada pelos *Petits Bollandistes*. Quando os apóstolos se dividiram para irem evangelizar os gentios, coube a Mateus dirigir-se para a Etiópia. Lá se deparou com dois mágicos, charlatães que enganavam os pagãos e que, "por artes diabólicas, produziram dois dragões horrendos que amedrontavam a cidade inteira, mas bastou que São Mateus fizesse o sinal-da-cruz, para que esses bichos se tornassem mansinhos e voltassem para suas grutas". Ao santo não bastou amansar os dragões. O filho do rei havia morrido, ele o ressuscitou, de modo que o rei, a rainha, e todo o reino se converteram. Mas o que deu maior alegria a São Mateus foi que "a princesa Ifigênia, filha desse rei e prodígio de beleza e sabedoria, ouvindo-o falar da felicidade das Virgens que escolhem Jesus como Esposo, resolveu conservar a sua virgindade e consagrar a Deus todas as inclinações do seu coração". Muitas jovens seguiram o seu exemplo.

Mas o rei morreu, e o seu irmão, que lhe sucedeu, resolveu casar com Ifigênia, seja pela sua beleza, seja para garantir a posse do trono. Chamou São Mateus para que a convencesse a voltar ao estado leigo. Fingindo concordar, o santo convidou a todos para ouvir a sua pregação. De início, fez grande elogio ao casamento, e o rei, muito satisfeito, achou que o apóstolo ia concluir pela necessidade de Ifigênia desposá-lo. Mas o discurso de São Mateus tomou outro rumo, ao acreditar em Varazze: "Todos vocês sabem que, se um escravo ousasse raptar a esposa do rei, mereceria a morte, pelo ultraje. A mesma coisa te aconteceria, ó Rei. Sabes que Ifigênia se tornou a esposa do Rei eterno. Como podes pretender tomar a esposa daquele que é muito mais poderoso que tu, e casar com ela?". Essas fortes palavras enfureceram o rei, que se retirou e mandou matar São Mateus no fim da missa. Havia 23 anos que o apóstolo morava naquele país.

Como não havia meios de mudar a determinação de Ifigênia, o rei mandou atear fogo à casa onde morava com as demais monjas. Mas São Mateus apareceu e afastou o incêndio, de modo que o fogo se dirigiu para o palácio, que foi consumido em um instante. O rei escapou, mas acabou se suicidando, e quem passou a governar (por setenta anos, diz Varazze) foi o irmão de Ifigênia, aquele mesmo que o santo havia antes ressuscitado. Daí por diante, os textos nada mais falam de Ifigênia, cuja festa acabou sendo celebrada no mesmo dia que a de São Mateus, em 21 de setembro.

Como aconteceu com Santo Elesbão, vemos que a lenda parece ter como propósito principal o louvor ao estado monástico. O fogo que não destruiu o convento evoca o conhecido simbolismo do "fogo das paixões" que consome o coração daqueles que não elegeram a vida cristã. Em nível mais concreto, é mais do que justificada a indicação de Frei Santana, que faz de Santa Ifigênia a "advogada dos incêndios dos edifícios". E suas estátuas geralmente a representam como moça negra, em hábito de carmelita, levando na mão esquerda a maquete de uma igreja, cercada de chamas. A igreja do Rio que compartilha com Santo Elesbão tem essas características, levando também uma palma na mão direita.

Julita Scarano destaca a importância do culto da santa entre as irmandades negras brasileiras: "Santa Efigênia, princesa núbia convertida ao catolicismo, sempre foi cultuada nas igrejas de homens de cor, chegando a confundir-se com uma Nossa Senhora escura", associação que, nos dias de hoje, não encontramos mais. Em todo caso, marcas da devoção são patentes nas antigas igrejas de Minas Gerais, sendo de particular destaque a famosa igreja do Alto da Cruz de Padre Faria, em Ouro Preto. Diz Manuel Bandeira que "ainda existe, à entrada da igreja, a pia de pedra onde as negras lavavam os cabelos para nela deixar como donativo o ouro de que estavam empoados", ouro este que Chico Rei juntava para comprar a alforria dos seus companheiros. Ou, como no samba *Chico Rei*, de Geraldo Babão, Djalma Sabiá e Binha, que deu ao Salgueiro o segundo lugar no carnaval de 1964:

"Escolheu o nome de Francisco
ao catolicismo se converteu
no ponto mais alto da cidade Chico Rei
com seu espírito de luz
mandou construir uma igreja
e a denominou
Santa Ifigênia do Alto da Cruz!"

Nos festejos da confraria mineira dos Arturos, que foram objeto de detalhada pesquisa de Núbia Gomes e Edimilson Pereira, a santa comparece em meio às invocações do Rosário:

"*Oi, me vale santa Efigênia*
Me ajude neste congá
Oi me vale santa Efigênia
No Rosaro eu me quero chegá"

Segundo os autores, *congá* seria aqui sinônimo de Congada. Mas não podemos deixar de lembrar que é também corrutela de *Gongá* — do quimbundo *ngonga*, segurança — que hoje designa o altar em centros de umbanda...

Brasil Gerson assegura que na igreja de Santo Elesbão e Santa Ifigênia do Rio de Janeiro "se realizavam na época da escravidão as pomposas festas da coroação do Imperador, da Imperatriz e dos Príncipes seus irmãos — autorizadas pelo Provedor da Mitra, em 1764, 'por ser esse o melhor meio que tinham para consolação entre tantos trabalhos do cativeiro'..." Concessão simpática essa, mas cujo significado devemos ponderar, lembrando que a tolerância para com as festas dos africanos era, assumidamente, um meio de lembrar as divisões entre etnias.[36] E a irmandade dos cultores dos "dois Atlantes da Etiópia", não sabemos por quê, aceitava todos os cativos e forros em suas fileiras, menos os de Angola...

---

36. O Conde dos Arcos escrevia, no fim do século XVIII: "O Governo olha para os batuques como para um ato que obriga os Negros, insensível e maquinalmente, a renovar as idéias de aversão recíproca que lhes eram naturais desde que nasceram e que todavia se vão apagando pouco a pouco com a desgraça comum (...) pois que se uma vez as diferentes Nações da África se esquecerem totalmente da raiva com que a natureza as desuniu (...) grandíssimo e inevitável perigo então assombrará e desolará o Brasil".

SÃO GONÇALO GARCIA, UM SANTO MESTIÇO?
FESTEJADO A 5 DE FEVEREIRO

A rigor, São Gonçalo Garcia não leva jeito de negro, e tampouco nasceu na África. Mas Carlos Eugênio Marcondes de Moura lista o seu nome entre os patronos de irmandades negras:

"Os santos preferencialmente cultuados nas irmandades do Rosário, além de Nossa Senhora, cuja imagem às vezes se fazia pintar de preto, eram negros: Santa Ifigênia, virgem etíope, São Benedito, profeta e taumaturgo nascido na Sicília, *São Gonçalo Garcia*, missionário franciscano martirizado no Japão, Santo Elesbão, patriarca da Etiópia, Santo Antônio Cartaginês ou de Categeró, nascido na África do Norte, vendido como escravo a um camponês da Sicília e que, convertido e liberto, tomou o hábito da Ordem de São Francisco"(grifo meu).

De modo que não tenho como concluir essas páginas dedicadas aos santos negros sem falar de São Gonçalo Garcia, santo pouco conhecido, mas de importância suficiente, no Rio de Janeiro, para ser orago de uma igreja situada na Rua da Alfândega. No altar-mor, é representado nas feições de um jovem, imberbe, vestindo o hábito franciscano, levando na mão esquerda uma cruz comprida em forma de cajado, e a palma do martírio na mão direita.

Com efeito, foi um dos *26 mártires do Japão*, morto em 5 de fevereiro de 1597. Esses missionários compunham-se de três jesuítas, seis franciscanos e 17 japoneses da Ordem Terceira de São Francisco.

Dizem os *Petits Bollandistes* que São Gonçalo Garcia — assim chamado para não ser confundido com São Gonçalo do Amarante, dominicano português que viveu no século XIII e se tornou orago de muitas igrejas em Portugal e no Brasil — nasceu nas Índias Orientais, de pai português e mãe índia. Era, portanto, mestiço, motivo provável pelo qual foi incluído entre os protetores dos "homens de cor". Iniciou a vida como comerciante, mas renunciou à riqueza para se tornar franciscano. Foi recrutado pelo frade espanhol São Pedro Batista para ir evangelizar o Japão. Entre os missionários, havia também um nativo das Índias

Ocidentais, São Felipe de las Casas, vindo do México. Todos foram crucificados e, na hora da morte, "com rara humildade", Gonçalo só fez repetir as palavras do bom ladrão, São Dimas, cuja efígie, não por acaso, se encontra na igreja da qual é orago: "Senhor, lembre-se de mim!".

Foi em 1758 que a Irmandade de São Gonçalo Garcia edificou a igreja, em terreno doado por um Cônego, mas, na verdade, ela é hoje muito freqüentada por hospedar um dos santos mais amados pelos cariocas, o guerreiro São Jorge em pessoa. Aconteceu em 1850, como relata o inesgotável Brasil Gerson: a capela dedicada a São Jorge estava prestes a ruir, e a Irmandade de São Gonçalo aceitou de bom grado hospedar o santo e os seus devotos. "Dando-se bem as duas, em 1854 as irmandades fundiram-se numa só — na Venerável Confraria dos Gloriosos Mártires São Gonçalo Garcia e São Jorge. Mais popular, porém, o hóspede que o hospedeiro..." De modo que, hoje, pouca gente se lembra que a igreja é, originalmente, de São Gonçalo Garcia, assim como, na memória das irmandades negras, só permaneceram as figuras, mais brilhantes, dos reis etíopes e dos frades sicilianos...

Capítulo 4
MONGES E GUERREIROS

SANTO ANTÔNIO
FESTEJADO A 13 DE JUNHO

Um dos santos de maior devoção no Brasil é geralmente chamado "Santo Antônio de Pádua", do nome da cidade italiana perto da qual faleceu. Mas, em terras lusas, é reivindicada a sua origem, e passa a ser designado como "Santo Antônio de Lisboa", que foi onde nasceu. Em todo caso, é preciso não confundi-lo com Santo Antônio Abade, dito ainda Santo Antônio do Deserto, que foi um dos primeiros grandes anacoretas cristãos, e cujas tentações pelo demônio foram inúmeras vezes retratadas pelos pintores. No Brasil, parece que Santo Antônio Abade é mais freqüentemente cultuado sob o nome de Santo Antão, o que facilita a distinção.

O nosso Santo Antônio, pois, nasceu em Lisboa, em 1195, e morreu na Itália, em 13 de junho de 1231. Diz Luiz Mott que ele era filho de "duas nobres cepas lusitanas" e foi batizado com o nome de Fernando. Ainda muito jovem, foi objeto, no meio da sé, de uma tentativa de sedução por "uma judia formosíssima, mas, fazendo a tempo o sinal-da-cruz, desapareceu a israelita fascinante — conservando-se até hoje, na mesma catedral, a famosa cruz pela qual o santo enfrentou o demônio disfarçado de mulher. Santo Antônio conservar-se-á puro e casto até a morte". E para marcar a pureza carnal do santo, ele é muitas vezes representado com um lírio na mão.

Na época da vida de Santo Antônio, circulava na Península Ibérica a tradução de um texto árabe, *O livro dos enganos e assanhamento das mulheres*, que assegurava, entre outras coisas, que "o diabo toma forma de mulher/ quando os homens bons quer empecer". Em toda a Idade Média, era voz corrente que o poder de atração das mulheres era de origem diabólica, não tivesse Eva sido seduzida pelo demônio em pessoa! E no que diz respeito aos judeus, lembramos ainda há pouco que a extirpação da "heresia mosaica" foi igualmente uma constante. A devoção a Santo Antônio passou a incluir esse aspecto, como mostra uma quadrinha que, no dizer de Mott, "provavelmente se refere ao massacre dos cristãos-novos ocorrido quando do reinado de D. Manuel":

"Ó meu Padre Santo Antônio
ó meu santinho de Deus
na noite de vosso nome
se queimaram os judeus"

Santo Antônio foi ser monge agostiniano, formando-se em teologia. Mas quando chegaram a Lisboa os restos mortais dos primeiros franciscanos martirizados em Marrocos, resolve tomar o hábito dos "frades menores" e vai para a África como missionário. Logo adoece, tendo de voltar para Portugal, mas o barco que o transportava é levado para a Sicília por uma tempestade, e lá ele se estabelece. Daí por diante, percorrerá a Itália e o sul da França, para lutar contra a heresia dos Cátaros e Patarinos, o que lhe valeu o apelido de *Malleus Hereticorum*, "martelo dos hereges", qualificação esta que nos dá uma pequena idéia da "suavidade" empregada nessas conversões. No século XIII, como veremos adiante, tanto Franciscanos como Dominicanos haviam recebido do Papa o encargo de lutar contra os movimentos heréticos vindos do Oriente.[37] O santo viaja sem parar e, nesse percurso, realiza mais de 50 milagres.

---

37. De inspiração maniqueísta, os Cátaros [do grego *katharós*, puro, virtuoso] pensavam que este mundo foi criado pelo demônio, e que a melhor solução seria a abstinência sexual e alimentar, de modo a promover a extinção do pecado e, até mesmo, do mundo humano.

Thomas Ewbank, viajante inglês cujo diário constitui leitura obrigatória para todos os amantes da cidade do Rio de Janeiro, visitou o mosteiro que lhe foi dedicado no morro — é claro — de Santo Antônio, e comenta os diversos milagres que lhe foram atribuídos. Como bom protestante que era, sempre afeito a mangar dos costumes papistas, diverte-se em relatar um episódio, bastante conhecido, das lendas antoninas:

"Pregando Santo Antônio certa vez em Pávia, parou de repente, e, segundo o costume antigo, pediu à congregação que rezasse uma curta prece. Parecia a seus ouvintes vê-lo debruçar-se sobre o púlpito, mas em realidade ele deixara a igreja. Nossa Senhora lhe murmurara que seu pai fora preso em Portugal, sob a acusação de homicídio, e que naquele momento estava a caminho da forca. Com o auxílio da Virgem, o santo chegou antes que tivessem passado a corda em torno do pescoço do pai, e interrompeu a ação do juiz, do chefe de polícia, do carrasco e da turba. O homem assassinado estava em seu caixão perto dali, e o santo o chamou. O cadáver obedeceu à ordem, levantou a tampa do ataúde, sentou-se, e, em voz alta, proclamou a inocência do acusado. Antônio saudou o pai e retornou a Pávia, chegando no momento em que a congregação terminava a prece. E concluiu o seu sermão sem que a sua ausência tivesse sido percebida."

Mas o feito mais notável, entre todos, foi a graça de ter recebido a visita do Menino Jesus. Dizem os autores franceses que isso se deu durante a sua estada em um castelo da província de Limousin, no centro da França, que então percorria à cata de hereges a serem convertidos. Os italianos, porém, asseguram que isso aconteceu em Camposanpiero, perto de Pádua. Cá entre nós, um santo capaz de usar o dom de ubiqüidade para, literalmente, tirar o pai da forca podia muito bem ter essa experiência mística em dois lugares diferentes ao mesmo tempo... Seja como for, o santo costuma ser representado como um monge franciscano, levando o Menino sentado no seu braço esquerdo, enquanto carrega o lírio, símbolo da pureza, na mão direita.

Talvez esgotado por tantas viagens, Antônio falece muito cedo, na idade de 36 anos, e, fato notável, é canonizado em 1232, ou seja, apenas um ano depois.

Em Portugal, a sua popularidade se vai espalhando, e, no século XV, é proclamado santo padroeiro, substituindo, portanto, São Vicente, que até então fora o protetor da casa real. Com a colonização do Brasil, o seu culto logo aporta em nossas praias. Evaldo Cabral de Mello calcula que, "de 1585 a 1650, dos 15 conventos fundados na América Portuguesa pela Ordem dos Frades Menores, nada menos de oito lhe haviam sido consagrados, dos quais quatro no Nordeste". A devoção ao santo franciscano era tão hegemônica, que os carmelitas, ao fundarem o seu convento de Olinda, foram obrigados a incluir um "Santo Antônio do Carmo"[sic] em seus altares.

A proteção do santo passa logo a ser oficializada do lado de cá do oceano, sendo que, em 1722, sua festa é decretada dia santo de guarda na América Portuguesa e Espanhola. Importante é lembrar que, por mais antiga que tenha sido a devoção, a excelência das virtudes de Santo Antônio continua sendo proclamada nos dias de hoje: em 1946 foi declarado doutor da Igreja por Pio XII e, no ano de 1999, uma de suas relíquias, enviada pelo Vaticano, percorreu várias cidades do Brasil, recebendo, é claro, acolhida fervorosa.[38]

O Padre Antônio Vieira era devoto de Santo Antônio, que, dizia, "sendo um só, é todos os santos juntos, pois nas seis hierarquias celestes, em todas tem eminente lugar, tendo sido patriarca, profeta, apóstolo, mártir, confessor e virgem". Por sua vez, São Boaventura, sucessor de São Francisco, é tido como autor do *Responso de Santo Antônio*, que sintetiza as suas mil e uma utilidades:

"Se milagres desejais, recorrei a Santo Antônio
Vereis fugir o demônio e suas tentações infernais.

---

38. Relata Luiz Mott que "ainda em 1993, o Vaticano agraciou a cidade de Borba, no Amazonas, com relíquias autênticas do santo — a primeira igreja da América Latina e a quinta do mundo a abrigar tão preciosos fragmentos *ex ossibus*". E podemos acrescentar: a relíquia que, em abril de 1999, chegou ao Brasil, era uma costela de Santo Antônio.

Recupera-se o perdido, rompe-se a dura prisão,
E no auge do furacão, cede o mar embravecido.
Pela sua intercessão, foge a peste, o erro, a morte,
O fraco se torna forte, e torna-se o enfermo são.
Todos os males humanos se moderam, se retiram,
Digam-nos aqueles que o viram, e digam-no os paduanos."

Como dizia o Padre Vieira, o santo servia para tudo. Até demais. Pois o jesuíta julgava que a piedade popular ultrapassava os limites: "Muitos cuidam que se aproveitam das maravilhas de Santo Antônio, empregando a valia deste santo para o remédio das coisas temporais, e isto é desperdício. Se vos adoece o filho, Santo Antônio; se vos foge o escravo, Santo Antônio; se mandais a encomenda, Santo Antônio; se esperais o retorno, Santo Antônio; se requereis o despacho, Santo Antônio; se aguardais a sentença, Santo Antônio; se perdeis a menor miudeza de vossa casa, Santo Antônio; e talvez se queireis os bens da alheia, Santo Antônio".

Essa polivalência é ilustrada por muitas lendas que não fazem mais senão congregar episódios diversos, já encontrados nos relatos sobre a vida de outros santos. Essa transmissão de temas lendários de um santo para outro não é característica exclusiva da devoção a Santo Antônio, mas ocorre, diz Gilbert Durand, na maioria dos relatos hagiográficos, e expressaria a permanência, no imaginário social, de antigos esquemas míticos. Em todo caso, Santo Antônio seria um dos maiores exemplos de apropriação popular: de Santo Antônio do Deserto "o santo rouba o fogo, que sai de suas mãos, mas quando lhe sai do coração, essa representação é tomada emprestada da iconografia de Santo Agostinho. Do seu panegirista São Bernardino de Siena — canonizado em 1450 — tira o ramo de lírio. De São Francisco de Assis, seu pai espiritual, toma emprestado o sermão aos animais, ou, melhor dizendo, sendo português, aos peixes". Diz-se que protege da tempestade porque, certo dia, encontrando-se em Limoges a pregar, começou a trovejar, e Santo Antônio passou a elogiar a beleza e a majestade do trovão, ficou "dialogando" com ele, até cair o temporal. Mas nenhum pingo de chuva molhou a assembléia que ouvia a pregação. Esse último detalhe encontra-se também na vida de São Bernardo de Clairvaux. Talvez o fervor e a persistência da devoção a Santo Antônio se deva a essa capacidade, por assim dizer, sintética, que faz dele o compêndio de todas as virtudes e funções.

Um aspecto que ainda provoca a estranheza de muita gente é a carreira militar do santo. De acordo com a *Grande Enciclopédia Portuguesa e Brasileira*, onde encontramos o episódio do trovão, desde sempre o santo teve função militar: em 1668, sentou praça no 2º Regimento de Infantaria de Lagos, por alvará do então Príncipe Regente, D. Pedro II, "sendo a sua fiadora nada menos que a Rainha dos Anjos". Em 1683, foi promovido a capitão; em 1777, a major; em 1780, a "tenente-general"; em 1814, quando D. João VI estava no Brasil, promoveu Santo Antônio a tenente-coronel.

Mais tarde, com a proclamação da República, o governo brasileiro suspendeu-lhe o soldo, em 1889. Os franciscanos, que o recebiam em nome do santo, protestaram, de tal modo que o pagamento foi restabelecido, e mantido até 1904. Alguém teria então redigido o seguinte despacho: "O coronel Antônio de Pádua vai quasi em 3 séculos de serviço. Nomeio-o general e ponho-o na reserva". A referida enciclopédia afirma que "Antônio de Pádua figura no *Anuário Brasileiro* na lista dos oficiais de reserva do exército do Brasil". Será? Valeria a pena verificar... O santo também recebeu diversas promoções em Moçambique e na Índia Portuguesa.

Aqui é conhecido o seu empenho na guerra contra os holandeses, tanto em Pernambuco como na Bahia, o que lhe valeu ser sincretizado, por aquelas bandas, com Ogum, orixá cujo nome significa "guerra". É também difundida a sua função de santo casamenteiro, fato comentado por todos os viajantes estrangeiros, e aludido por Gilberto Freyre em *Casa-Grande e Senzala*. Na França, é tido, até hoje, como o santo que ajuda a reencontrar coisas extraviadas, e vimos com o Padre Vieira que essa função, outrora, incluía a recuperação dos escravos fugidos. Ao que Hildegardes Viana comenta, em encantador livrinho dedicado a *Festas de Santos e Santos Festejados*: "Santo Antônio em outras eras já foi capitão-do-mato, procurando escravos fugidos — será que ele sabe desta? (...) Deviam deixar Santo Antônio apenas com a missão de casar moçoilas irrequietas de coração aflito. Moças que fazem promessas, acendem velas e rezam orações, como esta que transcrevo, com a mais graciosa das unções: 'Meu glorioso Santo Antônio, vós que sois um procurador certo, vós que sois um amarrador seguro, procurai fulano onde estiver e o amarrai para mim, pelo amor que tiveste ao bento filho de Maria. Meu glorioso Santo Antônio, empregai o vosso hábito, o vosso cajado e grilhões, fortes e inquebrantáveis, para que fulano volte para mim, pelos vossos merecimentos junto a Maria Santíssima. Fulano, eu te entrego ao glorioso Santo Antônio, que só te soltará quando estiveres amarrado a mim pelos sagrados laços do sacramento do casamento.'

Deixem Santo Antônio apenas como casamenteiro!"

SÃO BOM HOMEM
FESTEJADO A 13 DE NOVEMBRO

Jamais ouvira falar neste santo, até que visse a sua estátua na igreja de Santo Elesbão e Santa Ifigênia. Zeladores da irmandade informaram tratar-se de um santo da peculiar devoção da comunidade sírio-libanesa da S.A.A.R.A, sociedade que congrega os comerciantes da região em volta da Rua da Alfândega, onde está a igreja. O fato é que a imagem, de madeira policroma, apresenta feições algo mouras. Usa roupa escura e segura uma cruz na altura do peito.

A existência desse santo é atestada historicamente. O medievalista Jacques Le Goff até lhe dá certo destaque: ao que parece, a sua canonização por Inocente III, em 1199, marcou grande novidade, por tratar-se de um comerciante. Em vez de se preocupar com o lucro, o que seria de se esperar, aquele que ficou conhecido, a partir do nome de sua cidade natal na Itália, como *"santo Omobuono de Cremona"*, vivia praticando a caridade. Faleceu a 13 de novembro de 1197 e, como se viu, foi canonizado logo em seguida, quer dizer, dois anos depois.

Na verdade, era alfaiate de profissão, motivo pelo qual é muitas vezes representado carregando uma tesoura e uma vara de medir pano. Vestia os pobres, e os alimentava com pão e vinho, que se renovavam milagrosamente. Morreu ajoelhado diante da Cruz, com os braços estendidos, e ficou várias horas nessa postura, até que se descobriu que havia falecido. Padroeiro dos alfaiates, também o era dos mercadores de pano de lã, que lhe ergueram uma igreja em Cremona. Foi de lá que a devoção se expandiu, ao longo das rotas percorridas pelo comércio dos "panos de Flandres", nas etapas marcadas pela realização das grandes feiras medievais.

Assim é que outras igrejas lhe foram construídas, na França [Lyon], na Borgonha [Charlieu], na Suíça, onde até hoje é particularmente venerado na Basiléia, sob o nome de *Gotmann* ou *Gutmann*.

Como chegou ao Brasil? Não se sabe, mas a tradição que atribui o início da devoção aos comerciantes sírio-libaneses não carece de verossimilhança. Os *Petits Bollandistes*, sempre férteis em relatos milagrosos, descrevem as diversas maneiras como o santo é representado, todas alusivas a passagens significativas de sua vida: rodeado de mendigos e doentes que socorre; prosternado diante do altar, com os braços estendidos; com tesoura na mão; e até mesmo com um barril no ombro, lembrando o milagre de ter transformado água em vinho, para "saciar a sede" — e provavelmente fortalecer a disposição ao trabalho — de alguns operários. Os autores chegam a comentar que se tratava de "vinho excelente"... Feito semelhante é atribuído a São Gonçalo do Amaranto, que, mais milagroso ainda, fizera jorrar vinho de uma pedra, para operários beberem. Eis mais um exemplo da apropriação de um mesmo tema lendário, comum na elaboração das hagiografias. Aqui temos a lembrança do milagre evangélico das Bodas de Cana, com a transformação de água em vinho — que jamais se esgota — no caso de Santo Bom Homem. E, no de São Gonçalo, a síntese com o milagre de Moisés, que fizera jorrar água da pedra, sem se esquecer de mitos gregos de teor idêntico. Mas a assinalada excelência do vinho não deixa de sugerir um saboroso acréscimo, bem justificado pela fama dos vinhos italianos e portugueses...

SÃO BRÁS
FESTEJADO A 3 DE FEVEREIRO

Em contraste com o precedente, este é um santo muito conhecido, nem que seja pelas mães aflitas que lhe dirigem uma oração, a cada vez que uma criança pequena engasga ou tem soluço. Entre tantas orações, aqui vai uma do interior de Minas:

"São Brás, bispo,
Vigário de Cristo,
Foi palavra que Deus disse
Que engasgo descesse ou subisse"

Essa competência tão específica tem a sua origem no seguinte milagre, relatado por Jacopo da Varazze: "Uma mulher trouxe aos pés do santo o seu filho que estava morrendo, por causa de um espinho de peixe atravessado na garganta; chorando, ela lhe pediu a cura do filho. São Brás impos-lhe as mãos e orou para que esse menino, bem como todos aqueles que pedissem o que fosse em seu nome, recebessem a graça da saúde; imediatamente, o menino se curou".

Brás era suave e santo, e por isso os cristãos da cidade de Sebasta, na Capadócia, o elegeram como seu bispo, daí ser representado com roupagens da função: longa túnica, mitra, báculo na mão direita; geralmente segura um livro com a esquerda. Durante as perseguições movidas contra os cristãos pelo Imperador Diocleciano, escondeu-se em uma gruta onde passou a viver como eremita. Diz a *Lenda Áurea* que pássaros lhe traziam alimento, e se juntavam na entrada da gruta. Um monte de bichos também chegou lá e, quando um deles era ferido, uma simples prece do santo o curava. Tanta multidão de animais variados chamou a atenção de caçadores, que foram relatar o que haviam visto ao governador da província. Este, cioso de atender aos éditos do Imperador, mandou soldados para prender São Brás. Já avisado durante a noite por Jesus

Cristo que, por três vezes, lhe disse para oferecer um sacrifício, Brás recebeu muito bem os soldados, dizendo que estava pronto para acompanhá-los.

Foi no trajeto que se deu a cura do menino. Outro milagre ocorreu: "Uma pobre mulher possuía apenas um porquinho, o lobo o pegou; ela pediu a intercessão de São Brás, que, sorrindo, lhe disse: 'Mulher, não chore, terás o teu porquinho de volta'. Imediatamente, chegou o lobo, que devolveu o porquinho".

Tudo deixa supor que o animal estava sem um arranhão sequer... Diante do governador, Brás manteve a sua fé. Foi ferido a pauladas e encarcerado. A dona do porquinho, sabedora dos sofrimentos do santo, matou o animal e trouxe a carne para alimentá-lo, junto com uma candeia para iluminar a cela. Brás pediu que oferecesse todo ano uma vela na igreja em seu nome, "dali obterá grande felicidade". Persistindo na recusa em sacrificar aos deuses romanos, o santo foi amarrado numa árvore e esfolado por pentes de ferro, que quebraram, conforme um roteiro que vamos encontrar, inúmeras vezes, em quase todos os relatos de martírios lendários.

Esse roteiro, na *Lenda Áurea*, acumula detalhes horripilantes, para não dizer sádicos. São verdadeiros filmes de terror, e o leitor de hoje fica algo perplexo, perguntando-se que tipo de emoções tais relatos visavam produzir. Fortificar o ânimo dos cristãos? Mostrar-lhes que os piores suplícios não arrefeceram a fé dos santos mártires? Como modelos de comportamento, a vida e, sobretudo, a morte desses santos antigos dificilmente poderiam ser seguidas pelo homem comum. Ou será que o homem de hoje está tão longe da verdadeira fé, que relatos desse tipo apenas lhe parecem frutos de mentes no mínimo fantasiosas?

Voltando a São Brás, algumas mulheres que lhe seguiam os passos sofrem outros tantos suplícios: esfolamento, chumbo derretido, couraças de ferro em brasa, fogueiras... Nada as atemoriza, as gotas de sangue viram leite, o fogo se extingue e finalmente as cristãs acabam degoladas. O governador chama o santo para que se atemorize e, nada conseguindo, manda jogá-lo em um lago. Brás faz o sinal-da-cruz: a água se torna sólida. Sessenta e cinco homens [sic] do séquito do governador pisam nela, e afundam. Por fim, o santo é também decapitado. Antes do derradeiro suplício, "pediu ao Senhor que, se alguém solicitasse o seu apoio para curar dores de garganta, ou qualquer outra doença, seria imediatamente atendido. Eis que uma voz do céu foi ouvida, dizendo que o seu pedido fora acolhido favoravelmente". Isto se deu, dizem os textos, "por volta do ano de 283".

Tive a oportunidade de assistir à missa em louvor de São Brás, na igreja de Santo Elesbão e Santa Ifigênia, no dia de sua festa. No sermão, o Padre conclamou os presentes a receberem "a bênção de São Brás". Todos fizemos fila. A bênção consiste no seguinte: o Padre segura duas grossas velas brancas, amarradas por um pano igualmente branco de modo a formar uma cruz, e coloca o ângulo formado pelas velas em torno do pescoço do devoto, dizendo: "Por intercessão de São Brás, Bispo e Mártir, que seja protegido(a) dos males de garganta e de toda doença. Em nome do Pai etc."

Ainda que as velas estivessem apagadas, não pude deixar de ver nelas um eco da lenda citada anteriormente, quando a dona do porquinho trouxe uma candeia para alumiar o santo, e dele recebeu a promessa de felicidade. Deixando de lado a sinistra evocação de tantas torturas, não é bom contar com a intercessão do doce São Brás, que não julgou indigno dos seus cuidados ressuscitar um porquinho, e ainda se preocupou em proteger dos males de garganta todos aqueles que o solicitarem no futuro, até mesmo no longínquo século XXI, em uma antiga igreja do Rio de Janeiro?

SÃO COSME E SÃO DAMIÃO
FESTEJADOS A 27 DE SETEMBRO

Ninguém desconhece a dupla formada por São Cosme e São Damião. Eram gêmeos, nascidos na Arábia. Ambos estudaram medicina e, logo que formados, passaram a praticar a sua arte em Egea, na Cilícia, ou seja, na região que hoje chamamos de Síria. Tratavam de todos, até mesmo dos animais. Mas havia um ponto que os distinguia dos outros médicos: é que não cobravam coisa alguma.

Daí receberem o apelido grego de *Anargiros* [de *a(n)*, privativo, e *árguros*, dinheiro]. Eles julgavam que a prática da medicina fosse um aspecto da caridade cristã.

Tanta fama despertou a atenção do procônsul Lísias, governador da Cilícia. Mandou chamá-los, e os intimou a oferecerem sacrifícios aos deuses do Império, no que se recusaram, e foram supliciados. Isso se deu por volta do ano de 303, ou seja, no reino do famigerado Diocleciano. O martírio seguiu o mesmo roteiro que acabamos de descrever a propósito de São Brás: foram jogados no fogo, mas o fogo apagou; amarrados a cavaletes e espancados, apareceu um anjo que os protegeu; crucificados, foram alvos de flechas, mas as flechas voltavam para os carrascos. Diante disso, Cosme e Damião acabaram sendo degolados. Para se garantir, Lísias havia chamado os três irmãos dos gêmeos, que se chamavam Antimo, Leôncio e Euprépio. Mandou decapitá-los também. Na hora em que os cristãos estavam deliberando para decidir onde e como deviam ser enterrados, chegou um camelo falante que disse para enterrá-los juntos.

A *Lenda Áurea* relata uma série de visões de pessoas doentes que se curaram depois de terem visto os *Anargiros* em sonho. Até mesmo o imperador Justiniano sonhou com eles — ditaram várias receitas por esse meio — e lhes ergueu uma igreja em Bizâncio. O culto chegou a Roma, onde o Papa Félix também lhes construiu uma bela igreja. Lá ocorreu um caso que merece ser transcrito: "Nessa igreja, havia um zelador dos santos mártires, padecendo de um cancro, que lhe devorara uma perna por inteiro. Eis que, durante o sono, lhe apareceram os santos Cosme e Damião, que carregavam ungüentos e instrumentos [cirúrgicos]. Falavam entre si: 'Onde achar o que necessitamos para substituir a carne podre? — No cemitério de São-Pedro-Acorrentado, há um Etíope recém-enterrado; traga a perna dele para substituir esta'. [O santo] correu para o cemitério e trouxe a perna do Mouro. Cortaram a do doente e colocaram a do Mouro no lugar, untando o corte cuidadosamente; em seguida, levaram a perna doente para junto do corpo do Mouro. Ao acordar, aquele homem não sentia mais dor, e sua perna estava sã. [sai contando o milagre] As pessoas foram direto ao cemitério e lá encontraram o Mouro sem uma perna, e a perna do outro dentro de sua sepultura." De onde se deduz que São Cosme e São Damião deveriam ser proclamados padroeiros dos transplantes...

No Brasil, porém, a sua fama popular diz menos respeito à sua condição de médicos e mais ao fato de serem gêmeos. Em várias culturas africanas, é constante o culto de gêmeos, associado geralmente à proteção das crianças pequenas,[39] o que parece ter infletido a devoção a São Cosme e São Damião no sentido de fazer deles protetores das crianças. A tal ponto que, no dia de sua festa, a procissão que sai da igreja a eles consagrada no Rio de Janeiro carrega no andor as imagens de duas crianças, vestidas de azul, de gorro na cabeça, com calças justas que param nos joelhos, enquanto, no altar-mor da mesma igreja, permanecem as estátuas de dois adultos, com as vestes compridas próprias do seu ofício de médicos, sem a menor relação com as imagens populares dos "Dois-Dois".[40] Esta é a alcunha que recebem, em muitos terreiros afro-brasileiros, nos quais um banquete é ritualmente oferecido às crianças das redondezas, enquanto devotos católicos — ou que se julgam tais — distribuem, no mesmo dia 27 de setembro, guloseimas de todo tipo para os meninos do bairro.

Contribuindo para a porosidade dessas tradições, as estátuas de aparência infantil de São Cosme e São Damião são freqüentemente acompanhadas por estatuetas menores, que representariam São Crispim e São Crispinano, outro par de gêmeos, ainda que a vida destes últimos nada tenha a ver com a dos *Anargiros*. Por vezes, incluem ainda um terceiro personagem, menorzinho. Todos têm a mesma roupagem. Lembrança talvez dos três irmãos supliciados juntamente

---

39. Devido à duplicação de uma só imagem, os gêmeos são vistos, no plano mítico, como manifestação de alteridade, o que remete à temática existencial da morte. Dentro da cultura iorubá, os gêmeos são considerados como fazendo parte da confraria das "crianças que nasceram para morrer", e seu culto visa impedir a sua ida para o além.
40. Devo essas informações à minha colega, Profª Leila Dupret, que está atualmente realizando na FAMATH uma pesquisa sobre as ambigüidades da representação dos santos gêmeos. Na Florença renascentista, encontram-se inúmeras representações dos dois, devido à peculiar devoção do fundador da linhagem dos Médici, *Cosimo* o Antigo. Além dos encantadores afrescos de Fra Angélico, que retratam fielmente todos os episódios relatados pela *Lenda Áurea*, há na Sacristia Nova de São Lorenzo duas estátuas que apresentam São Cosme e São Damião nas feições de dois homens barbudos, de idade mais que provecta.

com Cosme e Damião, a presença de mais três santinhos é interpretada pelo povo-de-santo como representação das crianças nascidas depois de um par de gêmeos, às quais o complicado sistema iorubá atribui igualmente um papel mítico. Esquecidos Antimo, Leôncio e Euprépio, surgem Togun, Doú e Idobé. Mas a abençoada função dos santos médicos permanece: dizem na Bahia que a água das "quartinhas" dos "Dois-Dois" alivia e cura males físicos. Quem assegura isso é Hildegardes Viana, que, após percorrer os caminhos da hagiografia e dos terreiros, conclui, com o bom humor de sempre:

"Se pudéssemos ver a cara que [os santos] fazem, lá do alto, quando os devotos, ontem como hoje e para o futuro, colocam quartinhas de água e pratinhos de comida defronte de suas imagens!... Ou será que nem ligam? É provável. Bem-aventurados e piedosos, devem ter mais o que fazer."

SÃO DIMAS
FESTEJADO A 25 DE MARÇO

Encontramos a imagem deste santo na igreja de São Gonçalo Garcia e São Jorge, mas custamos a descobrir quem era, pois o seu nome não consta das enciclopédias católicas consultadas. Nem sequer os *Petits Bollandistes* falam nele, pelo menos com esse nome. Mas a sempre rica *Grande Enciclopédia Portuguesa e Brasileira* nos forneceu a pista. Trata-se de ninguém menos que o "bom ladrão" que, crucificado juntamente com o Cristo, se converteu e ouviu Dele essas palavras: "Hoje estarás comigo no Paraíso". Quem dá os detalhes é São Lucas, em seu evangelho:

"Quando chegaram ao lugar chamado Calvário, ali o crucificaram, bem como a dois malfeitores, um à direita, outro à esquerda. (...) Um dos malfeitores crucificados blasfemava contra [Jesus], dizendo: 'Não és tu o Cristo? Salva-te a ti mesmo e a nós também'.

Respondendo-lhe, porém, o outro, repreendeu-o, dizendo: 'Nem ao menos temes a Deus, estando sob igual sentença? Nós, na verdade, com justiça, porque recebemos o castigo que os nossos atos merecem; mas este nenhum mal fez'.

São Benedito rodeado de santos

Santa Rita

Santa Ifigênia

Nossa Senhora do Rosário

São Domingos

São Jerônimo

Nossa Senhora da Lampadosa

São Roque

São Cosme e São Damião

São Baltazar

Santo Expedito, São Lázaro, Santa Bárbara e Nossa Senhora Desatadora dos Nós

Nossa Senhora Aparecida

São Miguel

Festa de São Benedito

Santo Expedito

Nossa Senhora do Rosário

São Elesbão

São Cosme e São Damião

Nossa Senhora da Conceição

Nossa Senhora da Cabeça

São Jorge

Festa de São Jorge

São Miguel

São Jorge

Santo Antônio do Categeró

Nossa Senhora da Rosa Mística

São Benedito

Sant'anna

Nossa Senhora da Boa Morte

E acrescentou: 'Jesus, lembra-te de mim quando vieres no teu reino'.

E Jesus lhe respondeu: 'Em verdade te digo que hoje estarás comigo no paraíso'."

Trata-se portanto de um santo de respeito. O evangelho, porém, não diz qual teria sido o seu nome. Jacopo da Varazze, ao comentar a Paixão, nomeia os "celerados": "Um deles, Dismas, converteu-se mais tarde; conforme o evangelho de Nicodemo, ele estava à direita do Salvador; o outro, à esquerda, foi condenado à danação, chamava-se Gesmas. A um deles [Deus] deu o reino, ao outro o suplício." A referência a um dos evangelhos apócrifos — ou seja, não considerados como canônicos pela Igreja católica — sugere que a devoção se foi desenvolvendo à margem dos santos oficialmente reconhecidos. Com a pista do "Bom ladrão", no entanto, foi possível localizar essa devoção com maior precisão. No verbete *"Larrons (les deux)"*, o *Dictionnaire d'archéologie chrétienne et liturgique* esclarece que o bom ladrão "tornou-se um São *Dysmas* na igreja grega". O mistério está parcialmente esclarecido: reconhecido como santo pela Igreja grega, o seu culto foi tolerado — ainda que não oficializado — pela Igreja católica.

Como veio então parar numa igreja do centro do Rio de Janeiro? Os portugueses, como se viu, não o esqueceram. Parece até que um Frei Diogo do Rosário relatou várias lendas referentes a São Dimas no seu tratado *Flos Sanctorum*, mas, infelizmente, ninguém de nossa equipe lhe teve acesso.

O que achamos, no entanto, foi o texto de uma *Oração a São Dimas*, impressa conjuntamente a outra, dirigida a São Baltazar, e distribuída na igreja de Nossa Senhora da Lampadosa (em 19/01/2001). Essa associação sugere a existência de uma devoção talvez presente no seio da irmandade de escravos e forros daquela igreja,[41] mas, por enquanto, na falta de outras informações, ficaremos na expectativa. O texto da oração nada apresenta de novo, apenas parafraseia o evangelho de São Lucas e pede a intercessão do santo para alcançar as graças pedidas.

---

41. Sem esquecer que o autor do *Flos Sanctorum* citado acima se chamava Frei Diogo do *Rosário*, lembrando outra antiga irmandade...

SÃO DOMINGOS DE GUSMÃO
FESTEJADO A 8 DE AGOSTO

Fundador da Ordem dos Pregadores, ainda chamados de Dominicanos, São Domingos de Gusmão teve importante papel nos destinos da Igreja durante o século XIII. Nasceu em Castela, em 1170. O autor da *Lenda Áurea*, ele mesmo provincial da Ordem,[42] relata a vida do seu patrono de um modo bem lendário: "Antes do seu nascimento, a sua mãe viu em sonho que estava carregando em seu seio um cachorrinho que levava na boca uma tocha que abrasava o universo inteiro". Na hora do batizado, apareceu uma estrela brilhante em sua testa. Desde pequeno, a sua vida edifica os demais: "Criancinha ainda, e entregue aos cuidados de sua ama, muitas vezes se descobriu que saía de sua cama para deitar no chão duro".

Encontramos aqui um aspecto sublinhado pelos modernos estudiosos dos textos hagiográficos. A vida do santo, desde o seu início, dá sinais da futura santidade. A marca da estrela na testa já distingue o pequeno Domingos das demais criancinhas. O sonho profético da mãe é a piedosa repetição de tantas tradições pelas quais os heróis da Antiguidade grega ou latina anunciavam o seu destino ímpar. O "cachorrinho" provém de um trocadilho. Ou, melhor dizendo, aparece aqui com a função de legitimar o apelido que os Frades Pregadores receberam e assumiram, ao serem chamados de "Dominicanos", em latim, *Dominicanes*, logo desdobrado em *Domini Canes*, "os cachorros do Senhor". Longe de ser tomada como pouco respeitosa, a alcunha vingou e, nos afrescos renascentistas que celebram a glória de São Domingos e as vitórias da Igreja contra os heréticos, os frades são representados sob a forma de cachorros brancos e pretos, conforme as cores do hábito da Ordem. Ao relatar o

---

42. Jacopo de Varazze, que os franceses chamam "Jacques de Voragine", daí as nossas referências bibliográficas se referirem a esse nome, foi um personagem eclesiástico importante. Nascido *circa* 1225 em Varazze, perto de Gênova, foi eleito provincial da Ordem dos Dominicanos para a Lombardia; em seguida, nomeado arcebispo de Gênova, atuou como diplomata no decorrer das guerras que opuseram Gênova a outras cidades da Itália. Faleceu em 1298.

sonho que anuncia o nascimento de São Domingos na forma de um cachorrinho, Varazze situa claramente a Ordem à qual pertence nos planos já determinados por Deus.

A publicação do seu livro, que se tornou um verdadeiro *best-seller* da época, ocorreu por volta de 1264, pouco mais de quarenta anos depois da morte do santo [1221], e o autor pertence à geração seguinte. É dizer que a elaboração da lenda acompanhou de muito perto o que então se contava sobre a vida do fundador da Ordem. Tempos em que a história factual era entremeada de acontecimentos fabulosos, no mesmo momento em que acontecia... A tocha acesa que sai da boca do cachorrinho é, por sua vez, a evidente representação do poder da palavra, anunciando que as pregações de São Domingos espalharão o ardor da fé até os confins do universo.

Precoce nas mortificações, era desde cedo muito caridoso. Estudante, vendeu os seus livros para ajudar os famintos. Nomeado cônego da igreja de Osma, acompanhou o seu bispo numa viagem a Tolosa, no sul da França, onde grassava a heresia dos Cátaros, da qual já falamos ao relatar a vida de Santo Antônio de Pádua. Resolveu dedicar-se a converter os heréticos.

Mas, enquanto os cruzados liderados por Simão de Montfort arrasavam as cidades onde havia Cátaros, e matavam todos indiscriminadamente — foi lá que um dos chefes da cruzada, consultado por seus tenentes a respeito do problema moral que haveria em correr o risco de chacinar cristãos presentes no meio dos heréticos, proferiu a famosa frase: "Matem a todos! Deus saberá reconhecer os Seus" — Domingos julgava que, com pacientes conversas, seria possível recuperar as almas extraviadas pela heresia. Chegou até mesmo a compor um texto no qual expunha os seus argumentos. Varazze relata que, chegando o documento às mãos de um grupo de heréticos, estes resolveram queimá-lo, assegurando que, se não fosse consumido pelo fogo, voltariam para a fé católica. "Jogaram o papel no fogo; ficou um tempo em cima das brasas, e saiu de lá sem queimar". Atônitos, os hereges resolvem repetir a experiência, mais duas vezes seguidas. Entretanto, ainda que o texto permanecesse intacto, o espírito dos presentes estava tão escurecido pela heresia que ninguém se converteu, salvo um soldado que depois contou o milagre.

É interessante observar o simbolismo da simetria: os heréticos são geralmente condenados à fogueira[43]/ o fogo queima os hereges/ os hereges tentam queimar o texto que os refuta/ o texto não queima, eles sim. A verdade é indestrutível.

São Domingos ficou dez anos no sul da França, pregando e tentando sempre convencer os heréticos pela razão e pelo amor. Alguns daqueles que voltaram para a fé católica se tornaram os seus ajudantes nessa tarefa. Aos poucos, consolidou-se a idéia de fundar uma Ordem de Pregadores, destinada principalmente à luta contra todos os desvios da ortodoxia, que então pululavam nos países católicos. Apresentou o pedido ao Papa Inocente III, na ocasião da realização de um concílio. De início, o Papa não estava muito favorável à criação da Ordem, mas teve um sonho no qual a igreja do Laterano estava prestes a ruir. "Apavorado, estava olhando, quando viu, do outro lado, São Domingos, sustentando o edifício nos ombros. Ao despertar, o pontífice entendeu o sentido dessa visão, e acolheu com alegria o pedido daquele homem de Deus". Domingos retornou a Tolosa, onde o esperavam seus 16 companheiros. Resolveram tomar a regra de Santo Agostinho, à qual acrescentaram exigências mais severas.

Quando estava em Roma, São Domingos teve uma visão enquanto rezava numa igreja de São Pedro. Apareceram São Pedro, que lhe deu um bastão, e São Paulo, que o presenteou com um livro, e lhe disseram que sua missão era pregar pelo mundo. "Pareceu-lhe que já via seus filhos, andando pelo mundo, por pares. Foi por isso que, de volta a Tolosa, mandou os seus frades para todo lado, uns para a Espanha, outros a Paris, outros a Bologna. Ele, por sua vez, voltou para Roma".

Lá teve outra visão, não menos legitimadora, na qual Nossa Senhora argumentava com Jesus, que desejava destruir o mundo à vista dos ultrajes diariamente

---

43. A ponto de se queimarem os cadáveres daqueles que faleceram antes.

cometidos pelos homens. Ela disse: "Filho, acalma a tua ira, e espera; tenho um servo fiel, guerreiro destemido, que vai percorrer o mundo e submetê-lo ao teu domínio. Dar-lhe-ei um irmão, para o ajudar e combater com ele". Jesus aceita, mas pede para ver quem são esses lutadores. Nossa Senhora lhe apresenta primeiro São Domingos, que Jesus elogia e, em seguida, São Francisco de Assis, que é igualmente louvado. No dia seguinte, São Domingos, "que havia olhado atentamente para o seu companheiro durante a visão, o encontrou dentro da igreja e, sem jamais tê-lo visto, o reconheceu conforme o sonho. Abraçou-o com fervor e lhe disse: Tu és o meu companheiro, travas o mesmo combate, sejamos unidos, ninguém triunfará sobre nós". São Francisco havia tido exatamente o mesmo sonho e, daí por diante, recomendaram a seus seguidores que mantivessem a mesma união entre si.

Com todo o respeito que se deve a esses dois grandes santos, essa piedosa lenda parece apontar exatamente para o oposto. É de se supor que, já na época de Varazze, ocorriam severas rivalidades entre Dominicanos e Franciscanos, duas Ordens criadas na mesma época, pelo mesmo Papa, e ambas encarregadas, entre outras missões, de liderar a santa Inquisição para extirpação das heresias. Pois não haveria motivo para afirmar a fraternidade entre os dois fundadores, se não fosse para evitar lastimáveis ocorrências. E como que para reforçar a legitimação, é a um frade franciscano, "companheiro de São Francisco de longa data", que o dominicano Varazze atribui o relato dessa visão.

São numerosos os casos edificantes e milagrosos presentes na *Lenda Áurea*: quando São Domingos ressuscitou o sobrinho do cardeal de Paris, bem como um arquiteto esmagado pelo muro de uma capela em construção; quando dois anjos trouxeram pães para os frades famintos; quando afastou uma forte chuva de si e do companheiro que marchava a seu lado, "de modo que o sinal-da-cruz fazia como um dossel que os protegia, enquanto a chuva caía"; ou quando obteve de Deus a compreensão imediata da língua estrangeira falada por um monge; e assim por diante, sem esquecer as vezes em que expulsou os demônios de pessoas possuídas, nem os grandes êxitos que obteve para converter os heréticos, pela força de suas preces e pelo poder da persuasão.

Varazze inclusive relata muitos milagres ocorridos depois da morte de São Domingos, pela sua intercessão.

Chegando a hora da morte, foi avisado pela visão de um rapaz belíssimo que o chamava: "Amado, venha! Venha para a alegria!". E como os companheiros se desolavam, o santo lhes assegurou que ele "lhes seria bem mais útil depois da morte do que em vida fora", estabelecendo assim um *continuum* entre vida e morte, entre apoio terreno e mediação espiritual.

Varazze afirma que São Domingos fizera de Nossa Senhora a protetora da Ordem, e relata vários episódios em que a Virgem lhe apareceu. No entanto, como assinalamos anteriormente, nada diz a respeito do Rosário. É provável que a tradição conforme a qual o mesmo lhe teria sido dado pela própria Virgem seja muito posterior, "reinventada", como diria Eric Hobsbawm, à ocasião do importante papel desempenhado pela devoção ao Rosário na época da batalha de Lepanto quando, não por acaso, reinava o Papa Santo Pio V, dominicano ele próprio. Em todo caso, nas igrejas pesquisadas por nossa equipe só encontramos a imagem de São Domingos uma vez: na igreja do Terço.

SANTO EXPEDITO
FESTEJADO A 19 DE ABRIL

Santo Expedito foi, por assim dizer, o "santo padroeiro" do nosso segundo projeto de pesquisa, dedicado ao culto dos "santos da crise". Em 1998, o avassalador surgimento de sua devoção no Rio de Janeiro me levantou tantas questões que resolvi consagrar dois anos de investigações, junto com os meus alunos da PUC-Rio, sobre o modo como as pessoas se relacionavam com quatro santos tidos e havidos como poderosos protetores para os males contemporâneos. Eram São Judas Tadeu, Santa Rita de Cássia, Santa Edwiges e Santo Expedito.

Logo descobrimos que, enquanto as duas santas foram personagens históricas e São Judas, um dos Apóstolos, Santo Expedito é um santo quase que desconhecido no hagiológio católico. No Martirológio Romano, o seu nome aparece em uma lista de seis mártires da Armênia — Hermógenes, Caio, Expedito,

Aristônico, Rufus e Galatas — mortos em Melitena, e celebrados em 19 de abril. A *Lenda Áurea* não o menciona, e os *Petits Bollandistes* apenas transcrevem a lista desses mártires.

O *Dictionnaire d'histoire et géographie ecclésiastiques* afirma que o seu culto, desconhecido da Idade Média, teria aparecido no século XVI, mas a sua real expansão teria ocorrido em meados do século XIX na França e na Itália, quando teria sido considerado o "santo das causas urgentes". Outros autores eruditos, como o jesuíta Hippolyte Delehaye, opinam que, provavelmente, Expedito jamais existiu. Pelo menos não com esse nome.

Tratar-se-ia do erro de um monge copista que, ao transcrever o nome de Santo *Elpidus*, teria escrito *Expeditus*.[44] A devoção proviria de um quase trocadilho, confundindo "expedito" com "expeditivo". Hoje, quando se lêem as inúmeras publicações que falam dos santos, é unânime a versão de que Santo Expedito teria pertencido à 12ª Legião Romana, onde havia um corpo de soldados particularmente velozes chamados de "expeditos". Seria, portanto, a designação de uma função e não um nome próprio.

Mas uma simples consulta a qualquer dicionário latim — no meu caso, o *latin-français* de Gaffiot — revela que tais soldados não constituíam um corpo de legionários mais rápidos que os demais. Eram, sim, "portadores de armas leves", já que o particípio *expeditus* significa "livre, desembaraçado", do verbo *expedire*, "desimpedir, desembaraçar, deslindar". Nada, portanto, que signifique "rapidez".

Um santo especializado em deslindar casos complicados não seria de se jogar fora, diga-se de passagem. Mas o sentido vulgar, nas línguas derivadas do latim, de "expedito" como sinônimo de "expeditivo, rápido" prevaleceu. A partir daí, o santo passou a ser representado na figura de um legionário romano. Foi promovido ao posto de "comandante-em-chefe-da-Legião" — por que não? — e suas imagens, além da palma do martírio na mão esquerda, ostentam um negro corvo, esmagado debaixo do pé direito do santo e cujo bico emite a palavra

---

44. Para ser honesta, devo dizer que, nos tratados consultados, tampouco achei menção de algum *Santo Elpidus*...

latina *cras* ["amanhã"], enquanto Expedito ergue na mão direita uma cruz onde está escrita outra palavra latina, *hodie* ["hoje"]. Tudo isso, é claro, reforça a indicação de rapidez.

O acréscimo do corvo parece-me digno do copista antigo. Tudo deixa supor que ele foi incluído por algum religioso bem-intencionado, que encontrou certa semelhança entre a palavra *cras* e o crocitar da ave[45] e, a partir daí, criou-se a lenda, que é a seguinte:

"No mesmo momento de sua conversão, apareceu-lhe um corvo que, simbolizando o Espírito do Mal, disse-lhe: 'Cráss... Cráss... Cráss...', que, em latim, quer dizer: 'Amanhã... Amanhã... Amanhã'. Isso significa que o Espírito do Mal, até na hora da conversão de Santo Expedito ao cristianismo, tentou persuadi-lo a deixar para depois, dizendo que não havia pressa: 'Deixe para amanhã a sua conversão!'. Santo Expedito, como bom soldado que era, reagiu energicamente, esmagando o corvo com o pé e esbravejando: 'Hodie... Hodie... Hodie... não adiarei nada. Não vou deixar nada para amanhã, a partir de hoje serei cristão'.

Por isso, ficou sendo conhecido como o santo que resolve os problemas com rapidez, o 'Santo da Última Hora'".

Lenda não mais absurda do que tantas outras encontradas em nossas incursões nos campos fantásticos da hagiografia...

Vejamos: é bem possível que, na multidão dos mártires dos primeiros séculos, existisse de fato algum soldado "expedito", ou até mais de um. O nosso questionamento aqui diz respeito à atribuição do atendimento das causas urgentes, devido a uma interpretação errônea de uma palavra latina. O caso não é novo, e Delehaye, em seu livro sobre "lendas hagiográficas", dá numerosos exemplos.

O texto acima, referente à conversão do santo, foi tirado de um livrinho intitulado *"Santo Expedito: Um 'show' de graças"*, escrito por Renato Teixeira

---

45. Para quem é de origem francesa, é impossível deixar de assinalar que, em francês, "crocitar" se diz *croasser*, o que soa bem próximo de *cras*. Terá sido esse acréscimo a obra de algum padre francês do século XIX? Há tantas invenções e reinvenções nesta história que a conjectura não custa nada...

Geraldes, seguramente a pessoa que mais fez para divulgar e promover a devoção ao santo no Brasil. O autor conta como, gráfico desempregado, foi salvo graças ao santo, ao qual fez a promessa de imprimir um milheiro de "santinhos" com a oração que exalta os seus poderes, antecedida por essas palavras:

"Se você está com algum PROBLEMA DE DIFÍCIL SOLUÇÃO e precisa de AJUDA URGENTE, peça ajuda a Santo Expedito, que é o Santo dos Negócios que precisam de Pronta Solução e cuja Invocação Nunca É Tardia."

As maiúsculas, que respeitei, põem em evidência a necessidade do devoto: a existência de um problema difícil de resolver, a urgência do caso, a alusão ao campo dos "negócios". Chama a atenção a repetição de palavras referentes à temporalidade: urgente, pronta, nunca, tardia..., sem falar do nome do santo, tomado como sinônimo de "expeditivo". No texto da oração propriamente dita, é repetida a invocação a "Meu Santo Expedito das Causas Justas e Urgentes". Conclui com a promessa de mandar imprimir e distribuir um milheiro da oração. O resultado é que, desde o ano de 1998, quando essa prática, já iniciada em São Paulo no ano precedente, chegou ao Rio de Janeiro, os "santinhos" em questão se encontram em toda parte.

Na esteira dessa devoção, todos os santos da moda, até mesmo uns bem tradicionais, recebem também promessas em forma de "milheiros". Outras gráficas, além da de Geraldes, descobriram o filão. E agora, é possível pedir graças e agradecer o empenho dos santos via Internet. Os criadores desses sites, entrevistados pela *Folha de São Paulo* em abril de 2000, dizem da praticidade desse tipo de agradecimento: é mais barato do que mandar gravar um *ex-voto* em placa de mármore; é bem mais rápido, e sobretudo alcança imediatamente grande número de pessoas, visto que a distribuição de "santinhos" sempre requer maior disponibilidade. Praticidade, redução dos custos, rapidez, multiplicação do alcance: aqui estão reunidas as maiores qualidades exigidas pelo mercado contemporâneo. Neste cenário, a devoção a Santo Expedito como que consagra as dimensões deveras inflacionadas do imediatismo da sociedade de consumo. Ou, melhor dizendo, a mediação dos santos é substituída pela mediatização do atendimento. Outro prólogo de outra oração, impressa por outra gráfica, nos provoca certa perplexidade:

"Este Santo Mártir é sempre invocado para a solução de negócios urgentes, e que uma demora poderá prejudicar. É o Santo da penúltima hora, aquele cuja resposta é imediata, mas que exige que o que é prometido seja cumprido de imediato, sem demora."

Não se fala mais em graça, mas em negócios. Um "toma lá, dá cá" de teor claramente mágico, agravado por um tom de quase ameaça. O que pode acontecer ao devoto que não paga imediatamente, sem demora? O que vem a ser a "penúltima hora": a do risco de perder o negócio, ou a hora que antecede a morte? Numa perspectiva cristã, esta última seria o momento da reconciliação com Deus, à espera do encontro com Ele...
Aqui se trata de um horizonte temporal limitado pelo atendimento de necessidades materiais. O devoto necessita de um socorro urgente para, *in extremis*, evitar a falência ou a perda do emprego. Nessa ordem de idéias, cada hora é a última.

Quem sou eu para julgar a aflição dos meus contemporâneos? Mas não deixo de ter pena de Santo Expedito, aquele mártir armênio dos primeiros tempos do cristianismo, que agora está sendo reinventado para resolver problemas de natureza exclusivamente material, e já!

SÃO FRANCISCO DE ASSIS
FESTEJADO A 4 DE OUTUBRO

De todos os santos que encontramos no decorrer da pesquisa, São Francisco é seguramente um dos mais conhecidos, até pelos não-cristãos, devido à popularidade de suas atitudes diante dos bichos, do sol, da lua, da natureza, que dele fizeram o grande padroeiro das reivindicações ecológicas de hoje, proclamado como tal pelo Vaticano em 1979.

Mas a vida de São Francisco não se resume nesse aspecto. Assim como São Domingos, foi fundador de uma Ordem que, inclusive, teve grande influência na evangelização do Brasil e foi um dos maiores apoios da Igreja católica no decorrer do século XIII, século de triunfos do papado, mas também de grandes crises internas.

Nasceu em Assis, na Umbria, em 1181, e faleceu em 1226. Era filho de ricos comerciantes. Uma série de visões do Cristo o levou a empreender uma peregrinação a Roma. No caminho, encontrou um leproso, a quem deu dinheiro mas também lhe beijou a mão, vendo nele uma imagem do Cristo sofredor. Abrigando-se de noite numa capela arruinada, não muito longe de sua cidade natal, ouviu a voz do Senhor mandando-o reerguer a igreja. Voltou à casa do pai, pegou mercadorias e as vendeu para consertar a capela, o que provocou a ira paterna. Chamado a se explicar na frente do bispo, Francisco tirou toda a roupa, devolvendo-a ao pai e dizendo que só tinha um pai, aquele que está no Céu. O bispo o cobriu com um manto. Daí por diante, vestido com uma túnica grosseira, Francisco saiu para pregar pelas estradas da Itália.

Muitos discípulos seguem o seu exemplo, e Francisco, inspirando-se no evangelho de São Mateus, declara que não devem possuir coisa alguma. Ele mesmo assegurava ter casado com "Dona Pobreza" e, diz Varazze, "quando encontrava alguém ainda mais pobre que ele, sentia ciúme. Certo dia, ao encontrar uma pobre mulher, disse ao seu companheiro: 'A miséria dessa pessoa nos envergonha; é a crítica perfeita de nossa pobreza, pois eu a escolhi no lugar da riqueza, mas ela é muito mais notável nessa mulher!'". Mendigava o sustento e procurava, de todas as maneiras, humilhar o seu corpo, que chamava de "irmão burro", na sua luta constante com demônios que o vinham tentar. A humildade era uma das virtudes que mais queria pôr em prática, para si e para os seus companheiros.

A esse respeito, a *Lenda Áurea* conta o seguinte: "São Francisco e São Domingos, dois luminares do mundo, estavam em Roma na companhia do cardeal de Óstia, que veio a ser Papa mais tarde. O bispo lhes disse: 'Por que não fazer dos seus irmãos bispos e prelados que se destacariam sobre os demais pelo ensino e pelo exemplo?'. Quem haveria de responder primeiro? A humildade de São Francisco fez dele o vencedor, porque não se adiantou. Mas São Domingos foi igualmente vencedor porque foi o primeiro a responder, por obediência. São Domingos, portanto, respondeu: 'Senhor, os meus irmãos já possuem o seu lugar; e no que depender de mim, não obterão outras dignidades'. São Francisco então falou: 'Senhor, os meus irmãos foram chamados de menores para que jamais tenham a pretensão de se tornarem maiores'." E assim ficou o nome da Ordem criada por Francisco, a dos Frades Menores.

Diga-se de passagem, é notável o empenho de Varazze em assegurar ao mesmo tempo a igualdade de *status* entre os dois santos, ressaltando-lhes a diferença. Qual a virtude mais louvável de um religioso, a humildade ou a obediência? São Francisco e São Domingos, exatos contemporâneos, lutadores a serviço da fé, ambos fundadores de Ordens, pregadores do amor divino, representam duas facetas dos grandes reformadores da Igreja no século XIII.

Um dos aspectos mais lembrados de São Francisco, talvez por ser o mais pitoresco, era o de pregar para tudo quanto é tipo de "irmãos", categoria que incluía todas as coisas da natureza. "São Francisco, simples como a pomba, chamava todas as criaturas ao amor do Criador; pregava para os pássaros, que o ouviam, se deixavam tocar por ele, e só iam embora quando ele mandava. Enquanto ele pregava, umas andorinhas tagarelavam, mas se calaram logo que ele mandou. Na Porciúncula, havia uma cigarra em cima de uma figueira, defronte de sua cela, que muito cantava. O homem de Deus estendeu a mão e a chamou, dizendo: 'Venha, irmã cigarra'. O inseto obedeceu, pousou na mão de São Francisco, que lhe disse: 'Canta, irmã cigarra, louvando o teu Senhor'. E ela começou a cantar até que ele a mandasse embora".

São inúmeros os casos semelhantes. Louvava irmão sol, irmã lua, e até mesmo irmão lobo, atraído e domado por suas palavras de amor e caridade. Até nas pedras pisava com reverência, "por consideração com aquele que se chama Pedro".

Inúmeros foram os milagres realizados por São Francisco ao longo de sua vida, mas o que mais chama a atenção é a sua persistente exaltação da pobreza e do despojamento. Por isso, não deixa de ser estranha a inacreditável riqueza de que se revestem as igrejas de sua Ordem construídas no Brasil durante o período colonial. Sem falar de Bahia ou Pernambuco, é só ir visitar a igreja da Ordem Terceira, recentemente reaberta para o público no Rio de Janeiro, cujo interior é totalmente recoberto de ouro: o que seria que o *Poverello*, o esposo de Dona Pobreza, pensaria a respeito?

Em 1224, dois anos antes de sua morte, ele teve a visão de um serafim crucificado, cujo sofrimento era tão intenso, que as marcas das chagas se imprimiram em seu corpo. De lá vem o apelido, muito usado no Brasil, de "São Francisco das Chagas". O santo escondeu de todos esses estigmas, que só foram descobertos na ocasião de sua morte. Um frade presente chegou a escrever que "parecia que Francisco acabava de ser retirado da Cruz". Isso se deu no convento de La Verna, na Umbria, que hoje conserva o hábito que o santo estaria vestindo ao receber os estigmas.

Canonizado logo em seguida, em 1228, São Francisco é considerado um dos santos protetores da Itália, juntamente com Santa Catarina de Siena.

A comunidade franciscana se expandiu, com certas divisões entre seus componentes. De início, dividiu-se em dois ramos, um advogando o respeito pela extrema pobreza, e o outro, adepto da aquisição e manutenção de propriedades. Um terceiro, a nossa muito conhecida Ordem dos Capuchinhos, foi fundado em 1525. Os Franciscanos foram os primeiros religiosos a virem para o Brasil, entre eles, Frei Henrique de Coimbra, que rezou a primeira missa. Até o ano de 1549, constituíam a única Ordem religiosa implantada aqui.

SÃO JERÔNIMO
FESTEJADO A 30 DE SETEMBRO

Santo da maior importância, que inclusive verteu a Bíblia para o latim, São Jerônimo é fartamente representado na iconografia religiosa. Muitas vezes veste batina vermelha e chapéu de cardeal. Cardeal nunca foi, nem poderia ter sido, mas talvez essa promoção se deva ao fato de ser considerado um dos doutores da Igreja. Mas nas igrejas do Rio de Janeiro, encontramo-lo nas feições de um ancião calvo, de barba branca e comprida, torso nu, sentado numa pedra com um livro aberto no colo e tendo ao lado um leão também sentado. Essa riqueza de detalhes provém de uma tradição hagiográfica igualmente pormenorizada.

Tratando-se de um personagem histórico, não há dificuldades em encontrar relatos de sua vida. Nascido na Dalmácia ou na Bósnia por volta de 345, morreu na Palestina em 420. Seus pais já eram cristãos, e ele foi estudar retórica em Roma. Conta a *Lenda Áurea* que ele passava os dias lendo Cícero e as noites lendo Platão, quando adoeceu gravemente. Teve uma visão, na qual o "juiz soberano" lhe perguntava quem ele era. Respondeu que era cristão, ao qual lhe foi redargüido: "Estás mentindo, és ciceroniano em vez de cristão; pois o teu tesouro está onde está o teu coração", e o juiz mandou açoitá-lo. Jerônimo então jurou nunca mais ler livros pagãos, e dedicou-se exclusivamente à leitura dos textos cristãos.

Essa lenda ilustra claramente o corte que se operou na Idade Média entre tradição romana ou grega — logo pagã e condenável — e tradição cristã, que a vem substituindo. Escrevendo no século XIII, o autor da *Lenda Áurea* faz questão de sublinhar a ruptura entre mundo antigo e mundo cristão, ainda que vários episódios da vida de São Jerônimo sejam visivelmente inspirados de legendas antigas.

Jerônimo abandonou os estudos, e recolheu-se a uma comunidade de ascetas. Quando esta se desfez, foi para o Oriente, retirando-se no deserto, onde padeceu tormentos relatados por ele próprio em carta enviada a um amigo romano: "Submetia minha carne rebelde a jejuns que duravam semanas inteiras. (...) Só deixava de bater em meu peito quando o Senhor me devolvia a tranqüilidade. Até a minha cela me apavorava, como se fosse a testemunha de meus pensamentos [pecaminosos]. Irritado contra mim mesmo, adentrava nos mais horríveis desertos. Então, Deus sabe disso, depois de verter abundantes lágrimas, parecia-me estar em meio ao coro dos anjos". Para um jovem de 29 anos, conforme o cálculo de Varazze, a luta contra os desejos da carne havia, sem dúvida, de ser particularmente acirrada.[46] Jerônimo é freqüentemente representado, no Brasil, com uma pedra na mão direita, com a qual se golpeia no peito, para se castigar. Esse tempo de penitência auto-imposta durou cerca de quatro anos.

Superada essa fase, voltou ao convívio dos homens, primeiro em Antióquia e, mais tarde, acompanhando o seu bispo, em Bizâncio. Foi lá que se tornou amigo de São Gregório de Nazânzia e de São Gregório de Nyssa. Voltou para Roma em 382, quando foi ser secretário pessoal do Papa Dâmaso.

Foi então que, a pedido do Papa, deu início à tradução da Bíblia em latim, já que, na Palestina, havia aprendido o hebraico com um rabino. É-lhe atribuída a autoria da chamada *Vulgata*. Mas quando Dâmaso faleceu, intrigas palacianas forçaram a saída de Jerônimo de Roma.

Junto com alguns companheiros, fixou-se em Belém, onde permaneceu até a sua morte, e onde fundou um mosteiro de homens, dirigido por ele, e um convento de mulheres, dirigido por Paula, uma amiga romana que o havia seguido. Construiu também um hospício para abrigar os inúmeros romeiros que visitavam os Lugares Santos. Ao que parece, o seu brilho intelectual e sua ampla produção escrita lhe valeram muitas inimizades e polêmicas, mas até hoje é considerado como um autor de grande valor. Entre tantas obras, escreveu uma vida de São Paulo de Tebas, outro santo do deserto, com o qual é por vezes representado.

---

46. De maneira um tanto ambígua, Varazze comenta: "Permaneceu virgem até o fim da vida. Mas, apesar de a lenda dizer que ficou virgem, ele mesmo, em carta para Pammachius, diz o seguinte: 'Carrego a virgindade no Céu, sem a ter'."

As lendas sobre São Jerônimo são inúmeras. A da pedra, cuja origem vimos anteriormente, ainda que ele não tenha dito que batia no peito com algo além dos próprios punhos. O leão, por sua vez, teria aparecido certo dia em Belém, mancando, e mostrou ao santo que estava com espinhos nas patas. Foi tratado, e tão bem, que ficou no mosteiro como animal doméstico [tema conhecido desde os romanos, no mínimo], a tal ponto que, diz Varazze, chegou a desempenhar junto aos rebanhos a mesma função que os cachorros entre nós.

Sabe-se que, em Portugal, São Jerônimo foi o grande protetor da dinastia real, o que pode ser verificado no famoso convento dos Jerônimos, em Lisboa, onde estão enterrados reis e homens ilustres. No Brasil — cujas riquezas, diga-se de passagem, em muito contribuíram para a edificação daquele mosteiro — São Jerônimo foi reinterpretado pelos praticantes das religiões de origem africana como "equivalente" católico do rei Xangô, orixá do trovão e zelador da justiça. Ainda que os critérios do tão propalado "sincretismo" nem sempre sejam claros nem estáveis, parece que, no caso de São Jerônimo, a justificativa se encontra na pedra em sua mão direita, já que Xangô é designado em iorubá como Jacutá, "aquele que arremessa as pedras de raio". A presença do leão é também considerada como símbolo de realeza africana. Seja como for, o fato é que, entre os bilhetes e inscrições que a nossa equipe recolheu na igreja da Lampadosa, muitos pedidos fazem o amálgama entre o santo e o orixá, rogando que São Jerônimo ajude o devoto a conseguir o justo atendimento de suas preces, ou simplesmente colocando, aos pés da estátua, mensagens dirigidas nominalmente a Xangô.

SÃO JOÃO BATISTA
FESTEJADO A 24 DE JUNHO

O Batista é personagem do Novo Testamento. Primo de Jesus, era filho de Isabel, prima de Maria, com um sacerdote do templo chamado Zacarias. Eram idosos e sem filhos, mas Zacarias teve a visão de um anjo, que lhe disse:

"Zacarias, não temas, porque a tua oração foi ouvida; e Isabel, tua mulher, te dará à luz um filho a quem darás o nome de João.

Em ti haverá prazer e alegria, e muitos se regozijarão com o seu nascimento.

Pois ele será grande diante do Senhor, não beberá vinho nem bebida forte, será cheio do Espírito Santo, já no ventre materno.

E converterá muitos dos filhos de Israel ao Senhor seu Deus." (*Lucas*, I)

É o anúncio da chegada de um verdadeiro profeta, "no espírito de Elias", no nascimento do qual Zacarias custa a acreditar. O anjo então se identifica como sendo Gabriel e o informa de que, por duvidar de suas palavras, Zacarias ficará mudo até que a criança venha a nascer. Isabel, por sua vez, fica felicíssima ao se descobrir grávida. Seis meses mais tarde, é a vez de Maria, sua prima, receber a visita do anjo, que lhe anuncia o nascimento de Jesus. As duas primas se encontram e saúdam os respectivos frutos, em um episódio que a Igreja celebra, em dezembro, na festa da Visitação.

Nascido o filho de Isabel, o pai recupera a fala para proclamar que o seu nome será João, ainda que "ninguém na parentela tivesse esse nome". Trata-se, portanto, de um nome diretamente dado por Deus, fato que, por si só, proclama a santidade inata do menino.

Adulto, João se retira para o deserto: "Usava vestes de pêlos de camelo, e um cinto de couro; a sua alimentação era de gafanhotos e mel silvestre". E começou a pregar, anunciando a vinda do Senhor. Muitos o procuravam, confessavam os seus pecados, e eram por ele batizados nas águas do rio Jordão, com a ressalva: "Eu vos batizo com água, para arrependimento; mas aquele que vem depois de mim é mais poderoso que eu, cujas sandálias não sou digno de levar. Ele vos batizará com o Espírito Santo e com fogo". Quando Jesus veio junto dele, João o batizou e proclamou: "Eis o cordeiro de Deus, que tira o pecado do mundo!". A vida de São João Batista, como se vê, está estreitamente ligada à de Jesus. Ele veio para preparar o povo a recebê-lo, daí o nome de "Precursor", que muitas vezes o designa.

Ele é geralmente representado nas feições de um homem barbudo, seminu, vestido apenas com uma pele de animal, levando uma cruz em uma das mãos e a concha do batismo na outra. Freqüentemente, há um cordeiro branco aos seus pés, alusão à proclamação do "cordeiro de Deus". Entre as mais belas representações pictóricas, há um quadro de Leonardo da Vinci representando os dois primos, criancinhas ainda, brincando aos pés das respectivas mães.

Entre outras proclamações, João condenou publicamente o rei Herodes, por ter desposado Herodias, mulher do próprio irmão. O rei o mandou prender, mas, na realidade, o temia pois "sabia que era homem justo e santo, e o tinha em segurança; e quando o ouvia ficava perplexo, escutando-o de boa mente" (*Marcos,* 6). Mas, no dia do aniversário do rei, a sua enteada Salomé — cuja mãe odiava o santo, por ter-lhe condenado a vida de pecados — dançou de tal maneira que enfeitiçou Herodes e, instigada pela mãe, pediu a cabeça de João. O rei se "entristeceu profundamente", diz o evangelista Marcos, mas ele tinha jurado na frente de todos que lhe daria o que fosse que ela pedisse e, por pura vaidade, mandou degolar o santo. Cena amplamente tratada pela pintura ocidental.

A degolação de São João Batista é objeto de uma celebração específica, em 29 de agosto. Mas a sua festa principal ocorre no dia 24 de junho, data que praticamente coincide com o solstício de verão, no hemisfério norte. Tudo deixa supor que, tal como outras tantas festas cristãs, a data foi escolhida para substituir antigos ritos pagãos, ligados ao culto das forças da natureza. Jacopo de Varazze tem outra explicação. Ao saudar o Cristo, João teria declarado que a sua pregação perderia forças enquanto a de Jesus ganharia a terra. "Ele vai crescer, enquanto eu decrescerei": é isso que acontece com o sol a partir do solstício, "pois os dias começam a decrescer a partir da natividade de São João Batista e começam a crescer a partir da natividade de Jesus Cristo". Comenta ainda que o costume de festejar o santo com fogueiras significaria a sua celebração como a "tocha brilhante" que foi, e também aludiria à tradição de que seus ossos teriam sido queimados pelos pagãos da cidade de Sebasta.

Essa engenhosa explicação procura desvincular os festejos cristãos das celebrações pagãs que os antecederam. Em toda parte, a Igreja empreendeu um processo de *ressignificação*, de modo a inserir os modos antigos de divisão do tempo e do espaço na nova perspectiva cristã. Em relação aos mitos gregos e romanos, a mensagem era de ruptura. Mas, em nível bem pragmático, os rituais cristãos vinham como que aproveitando e canalizando modalidades populares preexistentes, e isso em nada diminui o alcance e a especificidade da nova religião que estava ganhando todo o mundo antigo.

Aos olhos do mitólogo, o costume de se erguerem fogueiras na noite de São João, ainda vigente em países europeus e ponto alto, no Nordeste Brasileiro, das festas juninas,[47] parece atestar a permanência dos festejos do solstício cuja origem, como se diz, perde-se na noite dos tempos.

Conta Hildegardes Viana que, na Bahia, as festas de São João foram trazidas pelos jesuítas, "que não tiveram muito trabalho para introduzi-las como costume, pois os indígenas adoraram os folguedos em volta do fogo". Em 1855, as fogueiras foram proibidas, mas logo em seguida apareceu a grande epidemia de cólera, "e os que viam as autoridades mandarem queimar barricas com alcatrão para purificar os ares diziam que aquilo era castigo". E assim, as fogueiras foram restabelecidas e, até hoje, as brasas, apagadas, são conservadas nas casas porque garantem longevidade. Tal como o fogo morre e renasce, os ritos populares asseguram a final vitória da vida.

SÃO JOÃO EVANGELISTA
FESTEJADO A 27 DE DEZEMBRO

Caçula dos apóstolos, autor de um dos evangelhos e do livro do *Apocalipse*, passa por ter sido o discípulo mais amado por Jesus, e é geralmente represen-

---

47. As religiões brasileiras de origem africana operaram, em retorno, nova reinterpretação. Nos terreiros de candomblé, São João é assimilado a uma das representações de Xangô, que deita fogo pela boca, e sua festa é marcada pelo ritual do *ajerê*, no qual os devotos possuídos pelo orixá dançam com uma bacia cheia de óleo em chamas na cabeça. Sem se queimar, é claro...

tado como um jovem, imberbe, sentado escrevendo um livro, tendo ao seu lado uma águia, que é o seu símbolo.

Com efeito, uma das visões do *Apocalipse*, último livro do Novo Testamento, descreve, entre os seres que rodeiam o trono de Deus, "quatro seres viventes cheios de olhos por diante e por detrás. O primeiro ser vivente é semelhante a leão, o segundo semelhante a novilho, o terceiro tem o rosto como de homem, e o quarto ser vivente é semelhante à águia quando está voando". Para os antigos comentaristas, esses quatro seres corresponderiam aos evangelistas: o leão aludiria a São Marcos, o novilho a São Lucas, o homem a São Mateus e a águia a São João. Ele mesmo se situa explicitamente como autor do *Apocalipse*, livro extremamente intrigante, diga-se de passagem, e evocador de cenas que inspiraram a riquíssima iconografia cristã ao longo dos séculos:

"Eu, João, irmão vosso e companheiro da tribulação, no reino e na perseverança, em Jesus, achei-me na ilha chamada Patmos, por causa da palavra de Deus e do testemunho de Jesus.

Achei-me em espírito, no dia do Senhor, e ouvi por detrás de mim grande voz, como de trombeta,

Dizendo: O que vês, escreve em livro e manda às sete igrejas"...

No texto do evangelho que lhe é atribuído, João também se coloca em cena, mas sem nomear-se. É a conhecida cena aos pés da cruz, que já citamos ao falar da vida da Virgem, quando Jesus diz ao "discípulo amado" que doravante deverão se considerar como mãe e filho. Daí a tradição que assegura que Maria o acompanhou quando João deixou a Palestina para se fixar em Éfeso. Diz a *Lenda Áurea* que São João lá viveu até a "mais extrema velhice", mas, antes, teria percorrido toda a Ásia, onde fundou inúmeras igrejas. O imperador Domiciano mandou que viesse a Roma, onde foi jogado em uma cuba cheia de óleo fervente, mas o santo dela saiu incólume. Isso aconteceu perto da *Porta Latina*, de modo que é freqüente a devoção a "São João da Porta Latina". O imperador então o mandou exilar na ilha de Patmos, onde escreveu o *Apocalipse*. Com a morte do seu perseguidor, foi morar em Éfeso, onde teve várias contendas com sacerdotes pagãos.

Éfeso era o centro do culto à deusa Ártemis, sendo conhecida em toda a Antigüidade a proclamação "Grande é a Ártemis de Éfeso!". João propôs que os sacerdotes rezassem na frente do templo da deusa, pedindo-lhe que a igreja cristã desmoronasse. Enquanto isso, ele pediria a Deus que o templo fosse destruído. É claro que ganhou a aposta. Mesmo assim, o grão-sacerdote não aceitou a derrota. João pediu-lhe que, desta feita, ele mesmo escolhesse a provação. "Se quiseres que eu acredite em teu Deus, te darei veneno para beber, e, se nada te acontecer, então saberei que teu Deus é o Deus verdadeiro". São João aceitou. Para que a prova fosse mais contundente, primeiro o sacerdote deu o veneno para dois condenados, que morreram na hora. "Então o apóstolo pegou a taça e, fortificando-se pelo sinal-da-cruz, engoliu o veneno", e ainda ressuscitou os dois condenados. O grão-sacerdote não teve mais como protelar a sua conversão, e todos os presentes se tornaram cristãos. É por causa desse episódio que São João é freqüentemente representado com uma taça na mão, de onde saem três serpentes que simbolizam o veneno.

O santo contava 98 anos quando teve a visão de Jesus chamando-o e avisando que morreria no domingo seguinte. João mandou cavar seu túmulo, desceu nele e, agradecendo o convite, deitou-se, "rodeado de uma luz tão forte que ninguém a podia olhar". Santo Isidoro, que relata a vida e a morte de São João, sintetiza os milagres do santo, acrescentando que, "nas florestas, transformou em ouro os ramos das árvores, fez dos seixos dos rios pedras preciosas, e de fragmentos de contas fez pérolas inteiras", modo particularmente poético de aludir à riqueza e à beleza dos escritos do autor do derradeiro *Evangelho* e do *Apocalipse*.

SÃO JORGE
FESTEJADO A 23 DE ABRIL

Foi sobejamente comentado pela mídia o fato de São Jorge ter sido considerado, pelo Vaticano II, como um santo puramente lendário. Mas isso não impediu que sua devoção permaneça viva no mundo todo. Suas lendas são de fato estranhas, e denotam a fusão de vários mitos antigos, entre os quais o de Perseus é o mais evidente. Até mesmo o autor da *Lenda Áurea* reconhece que a história da jovem princesa prometida ao dragão e libertada por São Jorge é apócrifa. Mesmo assim, transcreve-a. Diz que, ao derrubar o dragão com sua lança, mandou que a princesa jogasse o seu cinto no pescoço do monstro, que daí por diante passou a acompanhá-la "como se fosse *uma cachorrinha*"(grifo meu). Imagem forte esta: um monstro temível vira bichinho de estimação. Mas esse tema é recorrente e veremos adiante que o cinto de Santa Marta terá igual poder.

São Jorge, porém, acabou por degolar o dragão, depois de assegurar-se que todo o povo da região, o rei inclusive, estava batizado. Contra as artes do Mal, todo cuidado é pouco. E a riquíssima iconografia do santo o representa sempre nas feições de um cavaleiro medieval, coberto por armadura, montado em um cavalo branco, com o dragão agonizante aos seus pés.

Mas é bem possível que, em fins do século III, houvesse um soldado romano chamado Jorge, convertido ao cristianismo e devotado a combater o eterno dragão da maldade. Talvez membro da guarda do imperador, teria visto, afixado nas portas do palácio, um édito pelo qual o clero cristão seria obrigado a sacrificar aos deuses. Jorge teria arrancado o cartaz e, por isso, teria sido preso, torturado e condenado à morte. Como sempre, a *Lenda Áurea* não poupa detalhes: foi deitado em uma roda cheia de navalhas, mas a roda quebrou; jogado em uma caldeira cheia de chumbo derretido, nada sentiu; arrastado pelas ruas, foi finalmente decapitado. Em todo caso, um autor recente, Bentley, assegura que "temos uma certeza razoável de que um tal de Jorge foi martirizado por volta de 303, e uma forte tradição situa o acontecido em Lidda, na Palestina". O mártir foi canonizado em 494, pelo Papa Gelásio I.

Notável é a difusão da devoção a São Jorge, que, ao longo da Idade Média, foi considerado um santo guerreiro, peculiar protetor dos cristãos na tentativa de reconquistar os Lugares Santos. Diz Varazze que ele apareceu, vestido de branco e armado com uma cruz vermelha, durante um cerco particularmente demorado: "Animados por essa visão, os cristãos venceram e massacraram os Sarracenos". São Jorge tornou-se o modelo de referência para a instituição da Cavalaria e das mais importantes Ordens militares: Ordem da Jarreteira na Inglaterra, país que até hoje luta em nome de "Deus e São Jorge"; a dos Cavaleiros Teutônicos, a de Calatrava na Espanha, e assim por diante. Os *Petits Bollandistes*, que fazem de Jorge um quase favorito do temível imperador Diocleciano, afirmam que, à sua frente, a própria estátua do deus Apolo proclamou o Deus verdadeiro e que, no mesmo instante, todos os ídolos caíram por terra, virando pó. Nada surpreendente, portanto, que as Ordens de cavaleiros, criadas dentro do propósito das cruzadas, encontrassem em São Jorge o seu padroeiro. Junto com São Sebastião e São Maurício, também guerreiros de profissão, foi então considerado um dos principais protetores da Igreja.

A devoção a São Jorge chegou ao Brasil com as primeiras caravelas. Ainda hoje é um dos santos celebrados nas festas do Rosário em Minas Gerais:

"São Jorge era guerreiro
E na guerra guerriô
A espada de São Jorge
Foi Jesus que abençoô"

E todos sabemos que a planta chamada "espada-de-são-jorge"(*Sanseveria ceylanica Willd*) protege as casas onde é cultivada...

No Rio de Janeiro, a imagem de São Jorge outrora acompanhava a procissão de Corpus Christi. Como já vimos, a irmandade da qual era patrono se veio abrigar na antiga igreja de São Gonçalo Garcia, de modo que as duas irmandades acabaram se fundindo em uma só: a Venerável Confraria dos Gloriosos Mártires São Gonçalo Garcia e São Jorge. Mas o culto a São Jorge foi se sobrepondo de tal maneira que hoje a igreja costuma ser referida como sendo apenas dele, ainda que, de fato, sejam duas construções paralelas e justapostas.

No século XIX, de lá saía a procissão dos Fâmulos do Paço de São Cristóvão, "com sua banda de escravos vestidos de calção azul, paletó cinza, galões dourados e sapatos de fivela", conforme descrição de Brasil Gerson. Os quitandeiros da cidade também desfilavam, assim como os batalhões da Guarda Nacional. "Atrás da imagem do santo, no seu cavalo branco, e também a cavalo, marchavam o Homem de Ferro ou o Ferreiro, estranho personagem vestido de malha, com peito de aço, de viseira erguida, empunhando uma lança, e mais o Escudeiro." A indumentária dessas figuras parece ter vindo em linha direta da representação clássica dos cavaleiros medievais, e Debret, que nos deixou gravuras da procissão, esclarece que a "armadura" do tal Ferreiro era feita de cartolina. Todos se dirigiam para o Largo do Paço (hoje Praça XV), onde se encontravam com a procissão de Corpus Christi. Em seguida, São Jorge ia "receber, em copo de prata, do tesoureiro do Paço da cidade, o conto de réis em moedas de ouro do seu soldo de oficial honorário das forças da monarquia". Parece que essa tradição fora iniciada, em Portugal, no reino de D. João II [1455-1495], o "Príncipe Perfeito", e já vimos que até mesmo Santo Antônio igualmente recebia soldo de oficial. Ewbank, que deixou em seu diário vívida descrição dessa mesma festa em junho de 1846, diz que São Jorge possuía o título de "Defensor do Império do Brasil".

Hoje, a imagem de São Jorge não desfila mais em meio à procissão de Corpus Christi, mas recebe grandes homenagens no dia de sua festa. Na igreja, pode-se ver a estátua, de tamanho maior do que o natural, que representa um homem branco, com longos cabelos castanhos, montado em um cavalo branco. Usa um capacete com plumas brancas e vermelhas, veste uma capa da mesma cor e segura um escudo com uma cruz também vermelha. Essa imagem não parece muito diferente da que Ewbank nos deixou, há mais de um século e meio: "Usava ele um elmo guarnecido de plumas, curta pelerina de cambraia com rendas ao redor do pescoço, túnica vermelha com abas que lhe chegavam aos joelhos, canos de bota pretos e grandes esporas (...) Numa das mãos tem um escudo, na outra um bastão. Há pronto um manto para lançar sobre seus ombros, logo que estiver montado".[48] Na época, São Jorge desfilava em cima de um verdadeiro cavalo, "guardado em estábulo próximo".

No Rio de Janeiro, a procissão de São Jorge é seguramente uma das mais concorridas e pára o centro da cidade. Uma pesquisa publicada pelo *Jornal do Brasil* em 1997 afirmava ser ele o santo de devoção dos cariocas, com 18% de preferência, seguido por Nossa Senhora Aparecida, com 16%. "O amor é tanto", diz ainda o *JB*, "que uma associação de devotos de São Jorge, com sede em Niterói, reúne todo ano mais de mil pessoas para a procissão no dia de sua morte, em 23 de abril". Lá também costuma provocar engarrafamentos insuperáveis. De tal modo que, neste ano de 2002 em que escrevo, o dia de sua festa foi decretado feriado.

Mantendo a tradição guerreira, São Jorge se tornou o padroeiro das corporações militares da cidade do Rio de Janeiro. Bartolomeu Tito Medeiros, que realizou uma pesquisa de campo em meados dos anos 90 sobre o culto de São Jorge e de São Sebastião, diz ter sido levado, em conseqüência, a freqüentar os quartéis da Polícia Militar, bem como o Esquadrão de Cavalaria, "a fim de penetrar neste mundo das relações entre o santo e o *ethos* da masculinidade, das virtudes e valores viris". Chegou também a visitar bandidos presos, a seu modo devotos do santo: "Detentos em processo de fuga me confessaram sua devoção ao santo desde a época da fuga bem-sucedida que conseguiram — diziam-me — graças ao santo". Esse pesquisador passa a impressão de que São Jorge é essencialmente um santo *macho*, cultuado por policiais e bandidos, e que, nesse aspecto, justifica-se o sincretismo carioca — e, pelo menos no início, de origem predominantemente umbandista[49] — com o orixá Ogum, deus da guerra e dos ferreiros. É de fato impressionante a freqüência com a qual se encontram, em toda parte, estatuetas de gesso representando São Jorge em seu cavalo, matando o dragão.

---

48. Pela gravura que acompanha a descrição, parece tratar-se mais de um "santo-de-vestir" pronto para ser colocado em sua montaria. Ignoro desde quando foi substituída pela estátua de um homem a cavalo que temos hoje.
49. Na Bahia, São Jorge matador do dragão é considerado o equivalente católico de Oxóssi, orixá caçador que mata uma grande serpente mítica e, no Rio, os terreiros de candomblé que se querem ortodoxos cultuam Oxóssi no dia 23 de abril. Detalhe interessante: a maior celebração de Oxóssi, lá como cá, se dá no dia de Corpus Christi...

E na capela situada à esquerda da igreja da Lampadosa, lugar de devoção a meio caminho entre o religioso e o mágico, pudemos ver, certo dia, a bocarra do dragão recheada de rosas vermelhas. Metáfora poética do sangue vertido pelo animal? Oferenda aos poderes do santo ou aos poderes do dragão? Talvez tenha sido tudo isso ao mesmo tempo... a persistência do culto de São Jorge, apesar de oficialmente condenado pela Igreja, sugere a permanência de mitos muito antigos, seguramente bem anteriores ao triunfo do cristianismo.

SÃO JOSÉ
FESTEJADO A 19 DE MARÇO

"Eis-me a falar de São José", escreve Hildegardes Viana, "do prudentíssimo, obedientíssimo e fidelíssimo São José. O amabilíssimo São José, que ensina os enfermos a se desprenderem dos vãos bens terrenos. O São José dos bem-casados. O São José casamenteiro, que, sem a popularidade de São Gonçalo e Santo Antônio, arranja bons partidos para suas devotas. O ajuizado e refletido São José, que conserva imunes da peste as meninas que furam as orelhas no dia 19 de março. O São José, advogado das chuvas."

Por essa carinhosa enumeração, vê-se que é santo caseiro, atento ao bem-estar de toda a gente que lhe tem devoção. "Santo velho", cujo culto se espalhou desde o século V no Oriente, em decorrência talvez da devoção a Nossa Senhora, é personagem do Novo Testamento. Diz Mateus: "Estando Maria desposada com José, sem que tivessem antes coabitado, achou-se grávida, pelo Espírito Santo. Mas José, seu esposo, sendo justo e não a querendo infamar, resolveu deixá-la secretamente". Enquanto ele estava deliberando a respeito, apareceu-lhe um anjo, que lhe explicou a situação, e José "fez como lhe ordenara o anjo do Senhor, e recebeu sua mulher. Contudo, não a conheceu"(*Mateus*, I). Cuidou de Jesus desde o nascimento e com Maria levou-o para o Egito para escapar das perseguições. Quando voltaram para a Galiléia, fixaram-se em Nazaré. O evangelho de São Lucas ainda conta como Jesus, com a idade de 12 anos, ficou no templo de Jerusalém, causando preocupação nos pais. Daí por diante, nenhuma referência, sequer implícita, é feita a São José, que, na iconografia, é sempre representado como um ancião, porque se supôs que ele tivesse falecido muito antes da Paixão. Muitas vezes, é retratado como personagem da "Sagrada Família", junto com a Virgem e o Menino, ou então trabalhando em sua carpintaria, com ajuda do filho ainda criança.

No Brasil, é comum a estátua de "São José de Botas", que remete à indumentária do viajante na fuga para o Egito. Mas a representação mais corriqueira é a de um homem barbudo, com vestes tradicionais das personagens do Novo Testamento, levando o Menino Jesus nos braços e segurando um bastão grande, florido, ou um ramo de lírio, símbolo da castidade.

O bastão florido provém da lenda segundo a qual teria havido muitos pretendentes à mão de Maria. Inspirada por Deus, ela pediu que cada pretendente fincasse na terra o seu bastão, que ficaria guardado durante a noite, e disse que só casaria com aquele cujo bastão florescesse. O milagre se deu com José.

Recentemente, no louvável intuito de dar um suporte de peso à catequese em meio proletário, foi implantada a devoção a "São José Operário", ressaltando-lhe as qualidades de carpinteiro humilde e no entanto satisfeito.

Vimos anteriormente que, na Bahia, São José já foi objeto de intensa devoção, recebendo tudo quanto é tipo de encargo. Até hoje, em todo o Nordeste, o dia de São José é objeto de preocupação, pois, se não chover, é sinal de seca na certa. Celebrada a festa perto do início do outono, a preocupação faz sentido. Mas Hildegardes Viana alude também a antigas procissões, muito concorridas na Bahia de outrora — "O São José dos velhos bons tempos!" —, as de São José do Corpo Santo. No Rio de Janeiro, há, na igreja que lhe é dedicada, um grupo de estátuas representando o "trânsito de São José", isto é, o seu passamento. O santo está deitado em seu leito de morte e virtudes especiais são atribuídas pelos devotos às fitas que correspondem à "medida" da estátua.

SÃO JUDAS TADEU
FESTEJADO A 28 DE OUTUBRO

São Judas é personagem do Novo Testamento. Seu nome consta de três dos evangelhos — Mateus, Marcos e Lucas — e dos *Atos dos Apóstolos*, que a ele se referem como sendo "Judas, *filho* de Tiago" e ainda assegurando que "Judas também era profeta". É dele também a *Epístola de Judas*, na qual se identifica como "Judas, servo de Jesus Cristo, e *irmão* de Tiago". Mas nisso se resumem as informações a seu respeito. Várias tradições, no entanto, asseguram que teria sido filho de Cleófas com uma das irmãs de Maria, ou seja, ele seria primo de Jesus. É provável que esse parentesco, sem dúvida mais notável por equipará-lo a São João Batista, seja de origem apócrifa, hipótese esta assumida pelos *Petits Bollandistes*, que, no entanto, não costumam ter grandes problemas em aceitar fábulas ainda mais fantasiosas. Atribuem à "História dos Apóstolos", da autoria de um Abdias, "bispo de Babilônia", tudo o que se sabe hoje a respeito de "Tadeu, também chamado Judas". Por causa da homonímia com Judas, o traidor, a denominação "Tadeu" é, em muitos lugares, utilizada de preferência ao seu nome completo.

De acordo com os apócrifos, portanto, Simão, outro apóstolo, e Tadeu foram evangelizar a Pérsia. Logo que entram no país, "os demônios se calam", mas dois magos persas que, como veremos adiante, São Mateus havia expulsado da Etiópia, desafiam o evangelista. Segue-se o roteiro tradicional desse tipo de justa, e os santos conseguem derrotar os magos em todas as provas que lhes são exigidas. Diz a *Lenda Áurea* que, a cada vitória, os apóstolos não deixavam que seus adversários fossem condenados à morte e executados. Continuando em sua viagem, Tadeu e Simão chegaram a uma cidade em que havia *setenta* feiticeiros à sua espera. Como se recusavam a oferecer sacrifícios aos deuses locais, os apóstolos foram presos. Os *Petits Bollandistes* relatam o seu martírio: "Simão foi colocado de frente ao simulacro do sol, e Judas de frente ao da lua, que aqueles pagãos adoravam, para que oferecessem incenso". Não só se recusaram a obedecer, como "quebraram os ídolos, pela força de suas preces". Acabaram sendo "cruelmente massacrados". Na mesma hora, ainda que o céu estivesse sereno, trovejou, um vento violento se levantou, e um raio caiu, carbonizando os pagãos e destruindo todos os templos com seus ídolos.

O rei da Babilônia, que os apóstolos haviam curado da lepra, recolheu os dois corpos e lhes ergueu uma bela igreja. Mais tarde, foram levados para Jerusalém e diz a tradição que o imperador Carlos Magno em pessoa os veio buscar para depositá-los na cidade francesa de Toulouse.[50] Durante toda a Idade Média, essas relíquias eram objeto de grande veneração. São Bernardo de Clairvaux carregava consigo um fragmento e pediu para ser enterrado com ele. A igreja dos Templários, em Paris, abrigava outras tantas relíquias de São Simão e São Judas Tadeu.

Um livreto recente traz outras informações. O seu autor, Cônego Pedro Terra Filho, assegura que existem também importantes relíquias dos dois santos na igreja de São Pedro, em Roma. Situa o martírio de São Judas — morto a flechadas ou, de acordo com a tradição iconográfica que o representa de alabarda na mão, degolado — durante o reinado do imperador Vespasiano [69-79] ou de Tito [79-81].

Por que será que São Judas Tadeu tem a fama de resolver casos impossíveis? A *Lenda Áurea* nada diz a respeito. Terra Filho parece sugerir que foi Santa Brígida a iniciadora dessa atribuição. A santa, que era uma princesa sueca vivendo no século XIV, teve várias visões e revelações que consignou em livro até hoje célebre. Nele, Santa Brígida relata que Jesus Cristo, em uma de suas aparições, lhe teria feito a seguinte recomendação: "Invocai com grande confiança ao meu apóstolo Judas Tadeu. Prometo socorrer a todos que recorrerem a ele nos casos mais desesperados". Maior legitimação, impossível. A partir de então, o apóstolo passaria a ser reverenciado, em toda a cristandade, como intercessor privilegiado junto ao próprio Cristo.

Tudo deixa supor que a devoção ao santo, extremamente forte e constante em todos os países da Europa Central, chegou ao Brasil junto com os Padres

---

50. A respeito das lendas criadas em torno de Carlos Magno para legitimar o Ideário das Cruzadas, ver Augras (1998).

poloneses que emigraram para os Estados do Paraná e de Santa Catarina, em meados do século XIX. Daí se expandiu para todo o Brasil.

No Rio de Janeiro, onde uma bela igreja lhe é dedicada no bairro do Cosme Velho, a sua procissão pára toda a área das Laranjeiras no dia 28 de outubro. Além de santo padroeiro do funcionalismo público, é também protetor do Flamengo. Essa curiosa atribuição parece ter sido obra de um seu antigo pároco, o Padre Goes, "flamenguista doente", que dedicou sua vida a recolher fundos para erguer o atual templo em substituição à antiga capela que ainda subsiste nos fundos. A igreja de hoje é redonda, ampla, imponente, de estilo moderno e despojado. Do lado de fora, ao longo do pátio que a circunda, estão fixadas, em grades de ferro, inúmeras placas de agradecimento pelas graças alcançadas, sem contar os bilhetes e as velas ofertados na gruta que contém uma grande imagem do santo, com túnica vermelha e capa verde.

O fato é que São Judas goza de grande prestígio e, entre aqueles que apelidamos de "santos da crise", parece ter sido o mais procurado, antes, é claro, da avassaladora expansão do culto de Santo Expedito. Em nossa pesquisa, observamos que as numerosas publicações que começaram a aparecer em fins dos anos 90 — para celebrar o culto dos santos ou para faturar alguma coisa com a devoção? Não sejamos maldosos! — iniciaram as coleções com reproduções de imagens e novenas de São Judas Tadeu. É verdade que, no dia 28 de outubro de 1998, fui informada pelo *Bom dia Brasil*, da Rede Globo, de que o Presidente Fernando Henrique Cardoso [outrora ateu assumido, o que parece ter-lhe custado a perda da eleição para Prefeito da cidade de São Paulo, há alguns anos] tornou-se devoto do santo, rezando em cada véspera de eleição. Fábula, oportunismo, ou conversão? Em todo caso, o informe mediático põe em evidência a expansão do culto de São Judas em todos os níveis da sociedade brasileira. Além disso, pudemos observar na nossa pesquisa que, à diferença dos outros "santos da crise", a sua imagem — que leva o Evangelho na mão direita e a alabarda, instrumento do seu suplício, na esquerda — pode ser encontrada em praticamente todas as igrejas do Rio de Janeiro. Numa visita à Lampadosa, uma de nossas pesquisadoras pergunta a uma senhora presente qual é o seu santo favorito: *"É São Judas Tadeu, ele é muito bom!"*. Bom para o quê? *"Ele é bom para qualquer coisa, minha filha, bom para coisas de doença"* e relata o caso do filho de uma amiga que foi curado pela sua intercessão: *"Ele é muito bom mesmo. Dizem, eu não sei, mas dizem que era primo de Jesus"*. Parece que esse ilustre parentesco garante maior poder para o santo. Uma das orações por nós recolhidas deixa isso bem claro:

"Glorioso São Judas Tadeu, pelos sublimes privilégios de vosso apostolado e de vosso parentesco com Nosso Senhor Jesus Cristo, que tanto serviram para enobrecer e realçar a vossa vida"...

Há muitos textos desse teor, que solicitam a concessão de uma graça ou de algum apoio do santo. Mas é preciso dizer que, tal como outros santos dos quais já falamos, alguma coisa de fórmula mágica não raro se insinua, culminando com a "corrente", encontrada em toda parte, que nos leva muito longe das piedosas recomendações de Santa Brígida:

"Eu quero
Eu posso
Eu faço
Quando te encontrares em situação difícil, por doença mortal, doença qualquer ou problema econômico, deves saber que 'SÃO JUDAS TADEU' o acompanha. Esta corrente deu a volta ao mundo por todos os devotos de 'SÃO JUDAS TADEU'.
Peço que faças 81 (oitenta e uma) cópias e deposite-as em Igrejas Católicas rezando um Padre-nosso para 'SÃO JUDAS TADEU' e uma Ave-maria para as 'ALMAS DO PURGATÓRIO'.

Esta corrente foi enviada por uma das milhares de pessoas que existem no mundo. Por favor, deves te livra [sic] dela antes do 13º dia. Não a interrompas.
O Presidente da República mandou as cópias mais [sic] não deu importância para o assunto e, no final de 13 dias, ganhou na loteria.
Ezequiel Cortes pegou a carta em uma igreja e ordenou a [sic] secretária que enviasse as cópias ela esqueceu e no final de 13 dias ele perdeu o emprego.
Isabel perdeu a cópia e abortou o filho.
Deves observar que depois de 13 dias a corrente muda a vida de quem as coloca nas igrejas."

O texto, cujas peculiaridades tipográficas reproduzimos, é um claro exemplo de deslizamento da devoção à magia.

A "corrente" remete imediatamente à idéia de alguma forma de energia que circula entre os devotos mediante a récita da oração. Energia esta que, se represada pelo descuido da pessoa que esquece de passá-la adiante, se tornará prejudicial e, para manter a metáfora que a assemelha à corrente elétrica, "explodirá" com resultados mortais. Os números presentes no texto também aludem a valores mágicos. O número treze, geralmente considerado como de mau augúrio, mas extremamente poderoso, é quatro vezes repetido. As 81 cópias [9 vezes 9] parecem resultar, por sua vez, dos conhecidos poderes do algarismo nove, quadrado de três. Mas, sobretudo, a fórmula inicial parece-nos romper com qualquer referência à mística cristã.

"Eu quero/ Eu posso/ Eu faço" não é pedido de alguma graça, mas sim afirmação dos poderes da vontade individual. De quem será esse "Eu"?, do devoto ou de São Judas Tadeu? Não parece ser um problema de estilo, pois a ambigüidade se impõe. Deixamos o âmbito da graça para chegar ao campo do poder. Poder mágico e cego, já que atua em direções opostas, benéfico e maléfico ao mesmo tempo, como bem mostra esse texto ao costurar ameaças de morte e promessas de bens materiais. No decorrer da pesquisa, observamos que os zeladores das igrejas recolhem sistematicamente os folhetos desse tipo.

Mas as correntes voltam aos bancos, como que a demonstrar que a velha luta contra a magia jamais há de cessar.

SÃO LÁZARO
FESTEJADO A 17 DE DEZEMBRO

São Lázaro é personagem do Novo Testamento. Na realidade, são dois com esse nome. O primeiro consta de uma parábola contada por Jesus, dizendo que havia na porta de um homem rico um mendigo coberto de chagas, cujas feridas os cachorros vinham lamber (*Lucas*, 16). Rico e pobre morreram no mesmo tempo, mas o mendigo foi recebido no seio de Abraão, ao passo que o rico foi padecer no inferno. Parábola bem encorajadora para os pobres deste mundo...

O outro Lázaro morava em Betânia, e era irmão de Marta e Maria, que receberam Jesus na casa delas com todo o carinho e dedicação. Quando Lázaro adoeceu e faleceu, foram avisar Jesus, que, compadecendo-se do sofrimento das irmãs, resolveu ressuscitá-lo, ainda que o cadáver, já depositado no túmulo, "fosse de quatro dias". É João quem relata, com todos os pormenores: "Saiu aquele que estivera morto, tendo os pés e as mãos ligados com ataduras, e o rosto envolto num lenço. Então ordenou Jesus: 'Desatai-o, e deixai-o ir'"(*João*, 11).

Mas, na devoção a São Lázaro, ocorreu a fusão entre esses dois personagens. O mendigo coberto de chagas e o defunto parcialmente decomposto juntaram-se para formar a figura de um leproso. Vem do nome dele a palavra "lazareto", lugar de recolhimento e segregação dos morféticos. A presença endêmica dessa doença fez com que muitas hagiografias medievais desenvolvam até hoje o tema do "beijo ao leproso" como prova de santidade.

A devoção a São Lázaro, porém, não se restringe a essa temática. Lendas medievais fazem dele, juntamente com suas irmãs Marta e Maria (como veremos adiante, esta última virou Maria Madalena), grandes evangelizadores do sul da França, onde chegaram de navio. Os inesgotáveis *Petits Bollandistes* asseguram que "o apostolado de São Lázaro na Provença está fora de dúvida". Teria chegado ao cargo de "primeiro bispo de Marselha", onde, após 30 anos dedicados ao apostolado, os pagãos fazem-no sofrer o martírio. Martírio este que segue o roteiro de sempre: dilacerado por pontas de ferro, o santo ainda é amarrado em uma grelha para ser "assado"[sic] em fogo de brasas; em seguida torna-se alvo de flechas, para finalmente ser degolado. No verbete dedicado a Santa Marta, os mesmos autores afirmam que teria sido São Lázaro o fundador da Ordem dos Cavalheiros Hospitaleiros, primeiro em Jerusalém e depois na França, logo ao desembarcar. Inclusive, Lázaro teria grande inclinação para "coisas militares"... Há momentos em que, na ausência de informações fidedignas, a criatividade das lendas hagiográficas corre solta. E como os Evangelhos nada mais falam a respeito de São Lázaro depois de sua ressurreição, pode-se inventar qualquer coisa. O provável é que os Hospitaleiros tivessem em São Lázaro o seu patrono, pois, além de oferecerem pouso para os peregrinos que se dirigiam aos Lugares Santos, também cuidavam de feridos e doentes.

Nas igrejas do Rio de Janeiro em que realizamos a nossa pesquisa, as estátuas de São Lázaro o representam como um homem barbudo, semidespido, com cabelos compridos e faixa branca na cabeça. Seu corpo está coberto de feridas, que um ou vários cachorros estão lambendo. Apóia-se em um bastão e carrega um sino na mão direita que, como os leprosos faziam, teria de agitar para que todos se afastassem dele. É, portanto, o protótipo do *lazarento* e, pelos detalhes das feridas e dos cachorros, parece remeter à parábola do pobre e do rico.

Nas religiões de origem africana, e sobretudo na umbanda, é assimilado a Omolu, "rei dos cemitérios", em decorrência talvez da permanência de quatro dias no túmulo. A estátua venerada pelos umbandistas, no entanto, é a que acabamos de descrever. É tradição em morros do Rio, assim como na igreja de Salvador, que tem em São Lázaro o seu orago, oferecer, no dia de sua festa, um banquete destinado aos... cachorros da redondeza. Ritual que, aliás, se confunde com a devoção a São Roque, que, como veremos, também mostra chagas e é acompanhado por um cachorro.

Como já tivemos a oportunidade de comentar, quanto menos detalhes históricos existem sobre a vida de um santo, mais a hagiografia lendária se espraia. No caso de São Lázaro, as duas mensagens do Novo Testamento — a de que aos pobres e sofredores é prometido o Reino dos Céus, e a do triunfo sobre a própria morte — se misturam e se desviam para alimentarem práticas mágicas que, no obscuro culto ao "rei dos cemitérios", nada mais mantêm das referências cristãs.

SÃO MIGUEL ARCANJO
FESTEJADO A 29 DE SETEMBRO

Com São Miguel, penetramos em um novo regime de santidade. Pois não se trata mais de um "vivente que nem nós", homem mortal cujas virtudes proclamaram a glória de Deus, mas de um anjo, criatura dos Céus. No dia 29 de setembro são celebrados três arcanjos — Miguel, Gabriel e Rafael. Os três aparecem em vários episódios da Bíblia. Nas igrejas pesquisadas, no entanto, só foi encontrada a estátua de São Miguel, representado como um jovem guerreiro alado, empunhando uma espada na mão direita e uma balança na esquerda, e pisando em um diabo ou um dragão.

É considerado o chefe das milícias celestes e, como tal, o constante vencedor do demônio. O *Apocalipse* o descreve nessa função:

"Houve peleja no céu, Miguel e os seus anjos pelejaram contra o dragão; também pelejaram o dragão e seus anjos; todavia não prevaleceram; nem mais se achou no céu o lugar deles. E foi expulso o grande dragão, a antiga serpente, que se chama diabo e Satanás, o sedutor de todo o mundo, sim, foi atirado para a terra e, com ele, os seus anjos".

O nome "Michaël" significa "aquele que se parece com Deus". O grande especialista do misticismo Henri Corbin assegura que todo anjo é o rosto de Deus, cujo absoluto resplendor não pode ser visto pelos homens. Arcanjo, isto é, príncipe dos anjos, Miguel é, por conseguinte, aquele cuja face reflete e anuncia a eterna presença de Deus. Possui, portanto, uma função de mediador que, ao longo da Idade Média, dele fará o *psicopompa*, ou seja, aquele que leva as almas dos eleitos deste mundo para o Céu.

A *Lenda Áurea* relata vários casos de aparições de São Miguel, geralmente relacionadas com a fundação de algum santuário ou mosteiro. Um dos mais antigos seria o do Monte Gargano, no sul da Itália. Trata-se de uma gruta, descoberta pelo dono de um rebanho cujas reses se haviam extraviado: "Encontrando o touro na entrada da caverna, o dono, irritado, disparou uma seta contra ele; mas a seta voltou imediatamente, como que empurrada pelo vento, e feriu aquele que a havia disparado". Assustados, os moradores da região relataram o caso ao bispo, que determinou três dias de jejum e preces, para pedir a Deus a explicação do acontecido. "Então São Miguel apareceu e disse ao bispo: 'Saiba que aquele homem foi ferido pela minha vontade, pois sou o arcanjo Miguel, e pretendo morar neste lugar e dele tomar conta; foi por isso que dei este signo'". Assim nasceu a basílica subterrânea do Monte Gargano, "santuário de evidentes características iniciáticas", diz Corbin, que acrescenta uma lenda posterior à relatada por Varazze: no século XV, o escultor Sansovino, encarregado de fixar, em mármore branco, a imagem de São Miguel, nada conseguia, "até que, certa noite, o Arcanjo lhe apareceu e esculpiu, ele mesmo, o seu próprio rosto". Semelhante à face de Deus, o aspecto do Arcanjo não poderia ser imaginado por um simples mortal. De modo que a estátua do monte Gargano pode ser incluída entre as imagens chamadas de *achiropitas*, isto é, feitas por "mãos" divinas em vez de humanas.

A primeira lenda, a do caçador ferido pela própria seta, remete claramente a um antigo tema iniciático, encontrado desde os gregos — com o mito de Chiron, o centauro que ensina a Asclépios, deus da medicina, que, para curar, o médico precisa ser, ele mesmo, ferido — até as lendas da lança encantada no ciclo medieval do Graal. Há mais: "Uma tradição, carregada de simbolismo, assegura que as portas do santuário se fechavam sozinhas ao pôr-do-sol, para se abrir no dia seguinte; toda noite, a milícia celeste descia dentro do templo para celebrar a liturgia comandada pelo Arcanjo". Visão revelada pelo imperador germânico

Enrique II, que se deixou trancar no santuário durante uma noite em 1022, dois anos antes de morrer como um santo.

Outro santuário, igualmente carregado de lendas, foi dedicado a São Miguel na província francesa da Normandia, em um rochedo isolado no meio do mar, e separado da costa por areias movediças. Várias vezes, o arcanjo apareceu ao bispo da região, Santo Aubert, para que lhe fosse construída uma igreja nesse lugar inóspito. Tão estranho o sítio, que novamente Miguel teve de realizar um milagre,[51] para que Santo Aubert entendesse a vontade do Arcanjo. Até hoje, aliás, é uma das mais belas e mais estranhas construções medievais, essa abadia de *Saint-Michel-du-péril-de-la-mer*, cuja igreja gótica[52] sustenta uma flecha altíssima que tem em sua ponta uma estátua dourada do Arcanjo vencendo o dragão.

Diz Corbin que esse mosteiro, cuja construção foi iniciada no século VIII, teria uma réplica na costa inglesa da Cornualha e que "se pode traçar uma linha reta juntando esses dois santuários ao do Monte Gargano, na Púglia". Outra aparição marcante de São Miguel deu-se em Roma, em 590. Durante uma procissão organizada para pedir a Deus o fim de uma epidemia de peste, o Papa São Gregório Magno viu, em cima do túmulo do imperador Adriano, que fora transformado em castelo fortificado, o Arcanjo São Miguel na atitude de quem recoloca a espada dentro da bainha. O que foi interpretado como anúncio do fim da epidemia. O local, doravante, passou a chamar-se de *Castel Sant'Angelo*.

Mas a presença da imagem de São Miguel em nossas igrejas parece sobretudo relacionada à sua função de guiar as almas para o Céu. Mais exatamente, ele é representado como juiz, que pesa virtudes e pecados de cada defunto em sua balança. Por esse motivo é que se faz presente em todas as capelas dedicadas às preces em prol das almas do purgatório, lugar em que, para os católicos, as almas dos mortos se vão purificando até alcançar o grau de santidade necessário ao ingresso no Paraíso. Presença importante na hora do Juízo Final, o Arcanjo

---

51. Não por acaso, o autor da *Lenda Áurea* diz que, no lugar estipulado, o bispo encontraria um touro, escondido lá por ladrões. A repetida ligação do Arcanjo com touros, que evoca temas mitraicos, mereceria uma investigação específica.
52. Apelidada, em francês, de "*la Merveille*", a maravilha.

associa, em um só momento, a derrota do diabo em nível cósmico, assim como a consagração das vitórias individuais de cada devoto sobre o pecado.

SÃO PEDRO
FESTEJADO A 29 DE JUNHO

O mais destacado entre os discípulos do Cristo, São Pedro comparece repetidas vezes em episódios do Novo Testamento. Logo no início do Evangelho de São Mateus, é-nos relatado que "caminhando junto ao mar da Galiléia, Jesus viu dois irmãos, Simão, chamado Pedro, e André, que lançavam rede ao mar, porque eram pescadores. E disse-lhes: 'Vinde após mim, e eu vos farei pescadores de homens'. Então eles deixaram imediatamente as redes, e o seguiram". Mais adiante, é explicada a mudança do nome, de Simão para Pedro, que em aramaico se diz *Kephas*, "pedra":

Quando Jesus perguntou aos discípulos: "Quem dizeis que eu sou?", Pedro respondeu: "Tu és o Cristo, o Filho de Deus vivo". Então Jesus replicou: "Eu te digo que tu és Pedro, e sobre essa pedra edificarei a minha igreja, e as portas do inferno não prevalecerão contra ela. Dar-te-ei as chaves do Reino dos Céus: o que ligares na terra, terá sido ligado nos Céus; e o que desligares na terra, terá sido desligado nos Céus". Daí São Pedro ser freqüentemente representado segurando um par de chaves. Como primeiro responsável pela Igreja, é considerado o antepassado de todos os papas e, no Brasil inclusive, não é raro que suas estátuas levem a tiara pontifícia.

Mesmo assim, Pedro negou repetidas vezes que conhecesse Jesus, quando os soldados de Roma o procuravam. Mas o seu arrependimento foi tão intenso quanto a sua culpa.

Depois da Paixão, Pedro dedicou-se à evangelização e conversão dos seus contemporâneos. São-lhe atribuídas duas Epístolas, e ele ficou na liderança dos apóstolos, viajando para Roma, onde foi martirizado sob o reino de Nero. Diz a tradição que, condenado a ser crucificado, pediu aos algozes que fosse crucificado de cabeça para baixo, por não se julgar digno de morrer da mesma maneira que o seu Senhor, em uma cena muitas vezes retratada na arte religiosa. O seu túmulo encontra-se no subsolo da igreja de São Pedro, no Vaticano, sendo um lugar de intensa devoção.

Mas quem relata de modo detalhado todos os episódios, reais ou lendários, da vida de São Pedro, é o nosso Jacopo da Varazze, que lhe atribui um temperamento no mínimo exaltado: "Quis conhecer o nome daquele que iria trair o Senhor, e, se o tivesse conhecido, teria matado o traidor a dentadas (...) São Crisóstomo diz que se Jesus tivesse dito o nome [de Judas], Pedro o teria massacrado na hora". É longa a enumeração dos seus feitos: "Pedro andou em cima do mar para encontrar o Senhor; foi escolhido para ser testemunha da Transfiguração e para assistir à ressurreição da filha de Jairo; na boca de um peixe, achou a moeda de prata de quatro dracmas que serviria para pagar o imposto; recebeu do Senhor as chaves do Reino dos Céus; foi encarregado de fazer as ovelhas pastarem; no dia de Pentecostes, pela sua prédica, converteu três mil homens; predisse a morte de Ananias e Safira; curou Enéas da paralisia; batizou Cornelius; ressuscitou Tábita; a sombra do seu corpo devolveu a saúde aos doentes; preso por ordem de Herodes, foi liberto por um anjo". A maioria desses episódios se encontra nos Evangelhos e no *Atos dos Apóstolos*. Mas, como sempre, é na tradição lendária que Varazze se detém.

Sublinha o arrependimento por ter negado conhecer Jesus: "Quando se lembrava da falta que cometera, chorava abundantemente, e tanto, que o seu rosto ficou todo marcado e parecia até queimado". A sua ida para Roma teria sido em parte provocada pela necessidade de pôr fim à atuação de um outro Simão, mago e feiticeiro, que Pedro já havia derrotado na Galiléia. Na capital do império, Pedro, auxiliado por São Paulo, se dedicou à pregação, convertendo os gentios e curando os doentes. Enquanto isso, o mágico encenava mil truques, que impressionaram o próprio Nero. Iniciou-se então o confronto entre Simão e Pedro, com o habitual roteiro de desafios, enganos, fracassos e milagres. Por fim, Simão, sustentado pelas asas dos demônios, ficou voando pelos ares, maravilhando a todos os presentes. Pedro, então, disse: "Por Nosso Senhor Jesus Cristo, adjuro-vos, anjos de Satanás, que não mais o sustenham, mas o deixem cair". Simão caiu, quebrou o pescoço, e morreu. Foi então que Nero, enfurecido, mandou crucificar Pedro. São Paulo, igualmente condenado à morte, foi decapitado, privilégio concedido a quem era cidadão romano. "Embora tivessem sofrido o martírio no mesmo dia, São Gregório resolveu festejá-los em dias seguidos. [No primeiro dia] foi fundada e dedicada a igreja de São Pedro; ele é o maior em dignidade; ele foi o primeiro a se converter; em Roma também teve a primazia."

São Pedro é, portanto, o príncipe dos apóstolos e o primeiro dos santos cristãos, base e fundamento de toda a Igreja. Essa majestosa primazia, no entanto, não impediu que São Pedro se tornasse um santo extremamente popular, ao qual se atribuem funções de "porteiro" do Céu e de ajudante na resolução de problemas comezinhos. As suas fraquezas, tão humanas e compreensíveis, como a sua sempre lembrada covardia, talvez o tenham tornado alguém de fácil identificação para qualquer um de nós. Uma oração recolhida na Bahia por Hildegardes Viana é bem ilustrativa:

"Pedro! Pedro! Pedro! A Cristo 3 vezes negaste e logo te arrependeste. Numa laje de pedra te meteste. Lágrimas de sangue choraste. Ouviste uma voz na praia de Galiléia dizer: Pedro! Pedro! Pedro! Toma as chaves do Céu. Estás perdoado. Assim como estas palavras foram certas e verdadeiras, mostrai-me por boca de inocente ou pecador, grande ou pequeno, muito claramente isto que peço..."

Ainda era preciso bater com o pé direito no chão todas as vezes em que se pronunciava a palavra Pedro. Essa oração era utilizada para consultar o santo a respeito de algum evento futuro, e desejado. Na noite de São Pedro, benzia-se um copo com água na fogueira e se ia com ele para detrás da porta da rua, para então pronunciar as palavras acima. Depois, rezava-se um Padre-nosso em intenção a São Pedro, bebia-se a água do copo, "tendo o cuidado de reter o último gole na boca. A resposta vinha antes de a água aquecer". Viana assegura que

São Pedro era tido e havido como mais confiável ainda que São João, festejado alguns dias antes, para indicar o nome do futuro esposo das moças casadoiras.

Mas nem só a elas acode. São Pedro, por guardião da porta do Céu, já foi tomado como modelo de anjo de guarda. Corre mundo a oração seguinte: "Esta casa tem quatro cantos. Em cada canto tem um anjo: São Pedro, São Paulo, São Lucas e São Mateus. No centro, Jesus Cristo e todos os seus. Com Deus me deito, com Deus me levanto, com poderes de Deus e do Espírito Santo." Também cita várias orações para a cura de erisipela.

Ainda hoje, em todo o Brasil, São Pedro é tido como guardião das comportas que abrem as águas do Céu, e, no Rio de Janeiro, cidade praieira por excelência, é considerado favor especial do santo fazer com que não chova no fim de semana...

SÃO ROQUE
FESTEJADO A 16 DE AGOSTO

Entre todos os santos dedicados a proteger as populações de doenças epidêmicas, São Roque é um dos mais ilustres e confiáveis. É o grande protetor contra todas as formas de peste, por ter vivido, ele próprio, na época de uma das mais terríveis epidemias que tomaram conta da Europa medieval, quando, conforme se avalia, dois terços da população pereceram.

Nasceu em 1328, no sul da França, em Montpellier, e lá voltou para morrer em 1378, depois de uma vida que, a bem dizer, segue o roteiro de todos os heróis clássicos. Seus pais eram ricos, mas estéreis, e foi só depois de muitas rezas e promessas que lhes nasceu esse filho varão.

Descobre-se que, no peito, leva uma marca vermelha em forma de cruz, símbolo evidente de predestinação, em um século em que ainda ecoam as lembranças da última cruzada. Os *Petits Bollandistes* multiplicam os exemplos de uma santidade particularmente precoce: ainda bebê de colo, Roque praticava o jejum e, nas quartas e sextas-feiras, só mamava uma vez por dia... Aos doze anos de idade, resolve renunciar a todos os prazeres, "menos o de dar esmolas"[sic].

Seus pais morrem quando ele chega aos vinte anos, e ele distribui todas as suas riquezas, partindo em peregrinação até Roma.

Estamos no ano fatídico de 1348, o da Peste Negra. Logo ao chegar à Itália, Roque se oferece para cuidar dos doentes. Bastava-lhe fazer o sinal-da-cruz em cima destes para lhes devolver a saúde. Foi assim, repetindo o milagre ao longo do caminho, até chegar a Roma.

É claro que ele também adoeceu. Diz a lenda que, certa noite, sonhou que teria de padecer em nome dos sofrimentos de Cristo e, ao acordar, estava com bubão na coxa. Retirou-se em Piacenza, na floresta, para esconder-se e morrer. Mas um cachorro foi lhe fazer companhia e, a cada manhã, lhe trazia um pedaço de pão, do qual o santo se alimentava, e acabou por se recuperar.

Voltou à cidade natal. Ninguém o reconheceu. Aquela região da França estava dividida em facções opostas, grassava a guerra, e Roque foi preso como espião. Morreu na prisão, quando o Padre que o veio confessar reconheceu nele um santo. Somente depois da morte, descobriu-se o sinal de nascença em forma de cruz e o governador de Montpellier o identificou como sendo o seu sobrinho. Foi enterrado com todas as honras.

No século seguinte, durante a realização de um concílio em Constanza (1414-1418), novamente irrompeu uma epidemia de peste e os legados se lembraram de Roque. Pediram a sua intercessão, a praga logo acabou e, em conseqüência, ele foi imediatamente canonizado.

As suas estátuas o representam como um homem barbudo, relativamente jovem, com aspecto tradicional de romeiro, de capa, chapéu e por vezes cajado. Com a mão esquerda, levanta a túnica, para mostrar a chaga em sua coxa. É freqüentemente acompanhado por um cachorro.

No Brasil é também um santo que protege de todas as pestes deste mundo. Na devoção popular, confunde-se muitas vezes com Lázaro, pelas chagas e pelo cachorro. De tal modo que é também cultuado no candomblé como equivalente católico de Omolu/Obaluaê, "Pai da Febre" e orixá da varíola, e que as maiores festas dedicadas a essa entidade costumam ocorrer por volta do dia 16 de agosto.

SÃO SEBASTIÃO
FESTEJADO A 20 DE JANEIRO

Tal como o precedente, São Sebastião sempre foi tido como de grande auxílio contra as epidemias, mas a origem dessa devoção parece ser de natureza mais simbólica, já que, desde a Antigüidade grega, a propagação dessas doenças era representada sob forma de flechas disparadas por um deus irritado.[53] Ora, quem nunca viu a imagem de São Sebastião, jovem desnudo amarrado a uma árvore ou uma coluna, e crivado de flechas?

O mais curioso da história é que, ao contrário do que nos deixa supor a iconografia, o santo não morreu por causa das flechadas. É verdade que os carrascos o haviam deixado por morto, mas, quando foram embora, Sebastião foi recolhido por uma viúva piedosa, que o curou de suas feridas.

Originário de Narbonne, na região onde, mil anos mais tarde, São Roque viria também a nascer, Sebastião foi criado em Milão e, em 283, se alistou como soldado romano. Ao que parece, já era cristão, e incentivava todos a manterem sua fé, além de dedicar-se a converter muitos pagãos que ocupavam altas funções. Ele mesmo mantinha o segredo sobre o seu compromisso com o cristianismo, de tal modo que James Bentley o considera um "corajoso agente duplo". Sebastião chegou assim a ser um dos favoritos do imperador Diocleciano, que se declarou extremamente desapontado quando descobriu que alguém que lhe fora tão próximo era cristão. Foi então que o sentenciou a morrer sob flechas. Curado pelos cuidados da piedosa Irene, o jovem desta vez voltou por conta própria perante o imperador, denunciando a crueldade de suas perseguições. Pasmo com tanta audácia, Diocleciano mandou matá-lo a pauladas, sendo o seu corpo jogado em um monturo de lixo.

A morte de Sebastião deu-se a 20 de janeiro de 288. Ele apareceu em sonho a uma mulher cristã, indicando-lhe onde acharia o seu corpo, que foi enterrado

---

53. Não podemos esquecer que esse deus, Apolo, era o pai de Asclépios, divindade da medicina. Como sempre nos mitos, doença e saúde têm a mesma origem.

nas catacumbas da Via Appia, onde tem a sua igreja até hoje. Trata-se, portanto, de um dos mais ilustres mártires do século III.

Em 680, o norte da Itália foi assolado pela peste. Os cidadãos de Pavia resolveram erguer-lhe um altar, mandaram vir as suas relíquias de Roma, e a peste acabou. A partir de então, São Sebastião foi chamado a cada vez que alguma epidemia se declarava. De tal forma que D. João III, rei de Portugal, mandou buscar em Roma um braço de São Sebastião, para proteger o reino. Assim começou, em terras lusas, um amplo movimento de devoção, que se viria a estender mais tarde para o Brasil, mormente na ocasião da fundação da cidade que lhe deve o nome, a "muito leal e heróica Cidade de São Sebastião do Rio de Janeiro".

Fundada em 1º de março de 1565, a cidade não leva o nome do santo do dia, que é Santo Albino. Fortes indícios deixam supor que a intenção foi homenagear o então rei de Portugal, D. Sebastião, que iria falecer ao empreender uma louca cruzada no Marrocos, em 1578, dando início a uma impressionante crença messiânica, que viria alimentar sonhos imperiais de Portugal e criar tradições vivazes no Norte-Nordeste brasileiro.

Conta Ricardo Mariella da Silva que, em 1566, Francisco Velho, "expedicionário na força que objetivava a recuperação da baía de Guanabara para os portugueses", estava a procurar madeira para a construção de uma pequena igreja dedicada a São Sebastião, quando caiu numa emboscada preparada pelos tamoios e pelos franceses, que então dominavam a baía. Socorrido por Estácio de Sá, mesmo assim a situação parecia perdida — eram 180 canoas inimigas — quando apareceu, "saltando entre as canoas, vestido de armadura e lutando bravamente ao lado dos portugueses, a figura de um jovem guerreiro". Era o padroeiro defendendo a sua cidade.

A igreja, inicialmente fundada perto do marco da cidade, é transferida para o morro do Castelo em 1585, na famosa Sé que passou por tantos percalços, e onde foram enterrados os restos mortais de Estácio de Sá. Os capuchinhos italianos, expulsos pelo Marquês de Pombal, voltam ao Rio em 1842, e se encarregam de cuidar do templo, já semidestruído, como vimos. Quando é resolvida a demolição do morro, fixa-se o dia 20 de janeiro de 1922 para a transferência da imagem de São Sebastião, bem como do corpo do fundador da cidade, para a Tijuca, onde existia um convento da Ordem, e onde mais tarde foi inaugurada a igreja da Rua Haddock Lobo. É de lá que sai a procissão, a cada 20 de janeiro, que se dirige para a catedral, carregando a imagem do santo em seu andor. Depois da missa rezada pelo arcebispo, o cortejo vai para a Praia do Russell, onde está a estátua do padroeiro, em torno da qual é encenado, a cada ano, o *Drama de São Sebastião*. Bartolomeu Medeiros, que já acompanhou a procissão, sublinha a presença de muita gente pagando promessa ligada à cura de diversas doenças: "Garotinhos e garotinhas, rapazes e homens jovens vestidos com calções vermelhos, presos ao corpo pela cintura por uma fita vermelha a tiracolo. Alguns homens trazem apenas a fita sobre o dorso nu ou a camiseta (...) A visão panorâmica do Russell exibe a enorme profusão de vermelho nas roupas dos devotos."

Os cantos dos festejos do Rosário, em Minas, lembram as principais funções de São Sebastião:

"*É mas São Sebastião*
Fica em sua companhia
Te livrai da peste e da guerra
E dos males contrarioso"[sic]

É preciso assinalar que, embora São Sebastião seja um protetor bondoso, sabe, no entanto, ser terrível. Em 1966, o governador do então Estado da Guanabara, Negrão de Lima, suprimiu o feriado de 20 de janeiro. Na semana seguinte, ocorreram temporais e inundações que arrasaram a cidade e isso foi interpretado pelo povo como castigo do santo. O feriado foi prontamente restabelecido no ano seguinte, o que, aliás, não impediu a repetição das chuvas catastróficas e dos deslizamentos de encostas... Mas, por via das dúvidas, o dia 20 de janeiro permanece feriado até hoje.

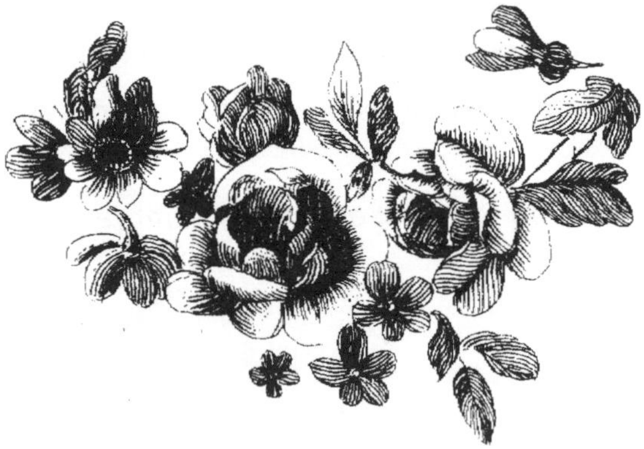

Capítulo 5
SANTAS MULHERES

É fato observado pelos pesquisadores do campo hagiográfico que há uma forte desproporção entre o número de canonizados homens e mulheres. Michel de Certeau assegura que a canonização de mulheres é bem tardia em relação à dos homens, aparecendo somente a partir do século VIII. André Vauchez, que estudou os processos de canonização conservados nos arquivos do Vaticano, assinala que, particularmente na Idade Média, entre 1198 e 1431, as respectivas proporções são de 85,7% para os homens e de 14,3% para as mulheres, no que diz respeito a santos e santas pertencentes a Ordens religiosas. No entanto, ao se tratar de leigos, há 55,5% de mulheres canonizadas contra 45,5% de homens.

A desproporção reflete provavelmente as linhas de poder e a estrutura da sociedade cristã da época. Seguramente, homens religiosos gozavam de maior visibilidade, com maior facilidade de deslocamento nos diversos países da cristandade, tendo, por conseguinte, papel mais atuante junto aos poderosos da Terra. Em compensação, acredito que as tais "mulheres leigas" canonizadas fossem, em sua maioria, rainhas e consortes de nobres feudais, a quem cabia tradicionalmente o encargo da caridade, enquanto os maridos cuidavam das guerras locais ou distantes. Mas nas igrejas do centro do Rio de Janeiro, a maioria das santas cuja imagem encontramos pertence, na verdade, aos tempos muito antigos, para não dizer lendários: a Senhora Santana, as irmãs Marta e Maria Madalena, Inês, martirizada nos primeiros tempos do cristianismo, Bárbara e Catarina, donzelas com percurso claramente mítico. Quanto às personagens historicamente documentadas, só temos Edwiges, uma duquesa rapidamente canonizada, a monja Rita, cuja canonização levou exatos 543 anos para se concretizar, e Terezinha de Jesus, nossa quase contemporânea.

São poucas as mulheres santas, comparadas ao número dos varões e, sobretudo, à variedade de suas funções sociais. Reflexo da situação subalterna da mulher ao longo da história, também resulta, em contrapartida, do *status* privilegiado atribuído a Maria: mãe de Deus e mãe dos homens, símbolo de virgindade e de maternidade, parece ter drenado para a sua imagem a totalidade das preciosas funções reconhecidas às mulheres. Com uma representante dessa magnitude, o que mais poderíamos pedir?

SANTA ANA OU SANTANA
FESTEJADA A 26 DE JULHO

No Novo Testamento, nada é dito a respeito dos pais da Virgem Maria. A tradição que lhes atribuiu os nomes de Ana e Joaquim foi se elaborando aos poucos, mas até mesmo os *Petits Bollandistes*, que costumam acolher com generosidade as mais fantasiosas histórias de santos, dizem que, nesse caso preciso, se trata apenas de "história conjetural". Isso não impede, é claro, que muitos detalhes sejam fornecidos por eles e pela inesgotável *Lenda Áurea*.

Varazze chega a atribuir a falta de documentos referentes aos ascendentes da Virgem a mais uma das maldades do rei Herodes, que teria mandado queimar "os mais secretos arquivos do Templo" de Jerusalém, para poder afirmar tranqüilamente a nobreza de sua própria origem, doravante impossível de ser contestada! Mesmo assim, diz ele, não há dúvidas de que tanto Joaquim como Ana eram da família de Davi, e é isso o que importa.

A história de Ana e Joaquim repete, em seu início, a de Sara e Jacó que, por sua vez, também se repete na dos pais de São João Batista, relatada aqui. Ainda que tivessem se casado na juventude, não tiveram filhos durante muitos anos, e Joaquim teria passado grande vergonha por esse motivo: "Chegando a Jerusalém junto com os da sua tribo, quis depositar a sua oferenda no altar. Mas o sacerdote o impediu e, com grande indignação, o repreendeu pela ousadia, já que um homem estéril, como ele, era proibido de fazer oferendas e de se apresentar junto com aqueles que não sofriam dessa maldição". Joaquim, envergonhadíssimo, se retirou no meio dos seus pastores. Certa noite, teve a visão de um anjo resplandecente, que lhe lembrou o nome de todos os heróis da Bíblia cujos pais haviam permanecido estéreis por muito tempo. E explicou-lhe que essa aparente provação, longe de expressar alguma condenação divina, tinha a finalidade de manifestar, aos olhos de todos, o poder de Deus. O anjo disse ainda que Joaquim deveria se dirigir para a Porta Dourada de Jerusalém, onde encontraria Ana, que o receberia com grande alegria.

Ao mesmo tempo, o anjo apareceu a Ana, e lhe disse as mesmas palavras. Encontraram-se na Porta Dourada, e esperaram o nascimento de Maria, que se deu quando Ana já completara quarenta anos de idade. Bentley ainda esclarece que, conforme a tradição, ambos viveram o bastante para assistirem ao nascimento de Jesus, e que Joaquim teria falecido logo depois da apresentação do menino ao Templo.

Diz a *Lenda Áurea* que Ana teve três maridos. O primeiro foi Joaquim. Depois da morte deste, casou com Cleófas, irmão de José o seu genro, e dele teve outra menina chamada Maria. Enviuvando de novo, esposou Salomé [sic], que lhe deu outra menina, igualmente chamada de Maria. Aqui temos o que Gilbert Durand chama de "redundância mítica", particularmente freqüente nos relatos hagiográficos: a duplicação dos nomes e atributos, sem falar da repetição constante dos mesmos episódios, seguindo o mesmo "roteiro" de aparições e suplícios. No caso dessas duas irmãs lendárias de Maria, o desdobramento é patente, na inusitada atribuição do mesmo nome. No texto de Varazze, atende ao objetivo de estabelecer um parentesco entre praticamente todos os personagens masculinos dos Evangelhos: Maria-Cleófas, casada com Alfeu, teria sido mãe de Tiago o Menor, Bársabas [sic], Simão e Judas Tadeu, enquanto Maria-Salomé teria dado à luz Tiago o Maior e João o Evangelista, por seu casamento com Zebedeu. Ou seja: todos teriam sido primos de Jesus. Tema desdobrado, por sua vez, da vida de São João Batista... é claro que resulta impossível compatibilizar as idades prováveis dos discípulos, tal como se depreende da leitura dos Evangelhos, com essa milagrosa fertilidade longeva atribuída a Santana, que, ao seguir as indicações de Bentley dadas aqui, já teria 67 anos na ocasião de sua primeira viuvez!

Mas estamos aqui nos movendo no plano mítico, em que a temporalidade precisa é o que menos interessa. Tanto é que se mantém, entre nós, a lenda das "Três Marias", presentes nos céus na constelação de Órion. E no sul da França é muitíssimo concorrida a peregrinação anual ao túmulo das "santas-Marias-do-mar", que são as próprias, acrescidas da presença de uma serva de origem cigana, a célebre Sara Cali.

Pois as santas mulheres dos evangelhos apócrifos vieram todas dar às praias provençais. Logo mais, nelas encontraremos as irmãs Marta e Maria Madalena, mas, por enquanto, vamos também nos deparar com a chegada de Santana, ou pelo menos do seu corpo, provavelmente trazido pelas filhas.

Enterrado na cidade de Apt (*Apta Julia*), foi cuidadosamente escondido para não ser depredado pelos sarracenos, muçulmanos que faziam freqüentes incursões em todas as costas cristãs do Mediterrâneo. As epopéias elaboradas pelos religiosos dos mosteiros que abrigavam os peregrinos ao longo dos diversos caminhos de Compostela, na óbvia finalidade de reforçar o suporte ideológico das Cruzadas, produziram uma infinidade de lendas atreladas ao *Ciclo de Carlos Magno*. É nelas que se situa a descoberta do corpo de Santana. O bispo Turpin, personagem da *Chanson de Roland*, a primeira dessas epopéias, datada do fim do século XI, está rezando a missa quando o filho do Barão local, cego, surdo e mudo de nascença, faz de repente gestos de escavar um dos muros da capela. A parede é aberta, e logo que a ossada aparece, o menino recupera a visão e a voz, para proclamar: "Este é o corpo de Santa Ana, mãe da Santíssima Virgem

Maria, Mãe de Deus". Carlos Magno, que estava presente, relata o milagre ao Papa, e o o culto se oficializa.

Diz Luiz Mott que a devoção a Santana teve nos franciscanos os seus maiores propagandistas,[54] que a difundiram em toda a África Portuguesa. Esclarece que a sua festa foi oficialmente instituída pelo Papa Gregório XIII em 1584, sendo que São Pio V, o seu antecessor, já havia mandado "retirar do breviário os episódios mais pueris e inverossímeis de sua biografia apócrifa". Mott relata o caso encantador de um "frei Inocêncio da Chiusa, siciliano, que costumava chamar esta santa de a 'Velhinha', dando sempre o nome de Ana a incontáveis recém-nascidas que batizava", e distribuindo relíquias por todo canto. O dia 26 de julho foi estabelecido pelo Papa Gregório XV, "em agradecimento por uma cura milagrosa de que fora beneficiário", como dia de "guarda e preceito". O seu culto se expandiu também devido à fama de ajudar mulheres estéreis a conceber.

Na África Portuguesa, até a famosa rainha Jinga foi batizada com o nome de Ana, e, "segundo depoimento dos capuchinhos italianos, costumava prestar-lhe grandioso culto no dia de seu onomástico". Mais uma vez, deparamo-nos com esses capuchinhos, que tanto fizeram pela introdução da devoção a muitos santos populares. E, no Brasil, Santana passa a ser particularmente venerada a partir do século XVIII, acompanhando, ao que parece, a expansão do ciclo do ouro, com a fundação de inúmeras capelas na região das Minas. No Rio de Janeiro, consagra-se a igreja de Santana em 1735, no local chamado, daí por diante, de Campo de Santana. Em 1759, a "velhinha" é proclamada "padroeira principal do Rio de Janeiro, pelo Papa Clemente XIII", sendo que ocorreu o mesmo em 1782 com a cidade de São Paulo.

As estátuas a retratam geralmente na forma chamada de "Santana Mestra", ou seja, de uma mulher madura, ensinando a sua filha, Maria, a ler. No Rio, na

---

54. Um fidalgo português reformador da Ordem Franciscana assegurou que, por meio de visões, foi-lhe revelada a falsidade da história dos três casamentos. Os discípulos não teriam sido seus netos, mas, sim, sobrinhos.

igreja de Nossa Senhora da Conceição e Boa Morte, que mantém um acervo de arte setecentista particularmente rico, está sentada em uma poltrona vermelha e dourada, segurando um livro aberto e dirigindo-se para a filha, em pé a seu lado. Mas é por vezes representada ensinando também Jesus a ler, na presença de Maria. É, por conseguinte, uma figura de avó, daí o carinho que lhe é geralmente devotado.

Carinho que não exclui certa intimidade pouco respeitosa, como mostram as tradições populares recolhidas por Hildegardes Viana, nas quais o frio úmido do mês de julho era atribuído à incapacidade de a avozinha secar os próprios lençóis. Mas "todos aguardavam que Santana desse ou mandasse bom tempo, com menos umidade e mais calor (...) Até hoje, quantos esperam que Santana dê um bom tempo?". Isso na Bahia. Aqui no Rio, parece que prevaleceu a imagem da avó bondosa, protetora das famílias. Imagem que, aliás, lhe valeu, nas religiões afro-brasileiras, ser considerada o equivalente católico de Nanã, geralmente vista como senhora idosa. O depoimento de um componente de um grupo de Rosário em Minas ilustra bem essa fusão: "Eu alembro... dos cantos da vó do Menino de Jesus [sic] que papai chamava ela de Nanã. O Congo tem vez que canta pra ela. Mas o povo tá esqueceno. Eu mesmo num alembro dos pontos dos véio".

Memória e tradição se confundem e conjuntamente se perdem. Permanece, no entanto, bem longe, nos cantos e contos, a figura da Senhora Santana, "Avó de todos", já que a sua filha Maria é, por sua vez, a "Mãe de todos".

SANTA BÁRBARA
FESTEJADA A 4 DE DEZEMBRO

É seguramente uma das santas mais conhecidas e cultuadas, representada nas igrejas que pesquisamos sob forma de uma jovem, com longo vestido vermelho, tendo aos seus pés, do lado esquerdo, uma torre, e, segurando na mão direita, ora uma espada, ora uma palma. Esses complementos aludem às circunstâncias de sua vida que, como já vimos, ao falarmos de outros santos, são tão mais detalhadas quanto mais lendárias.

Os *Petits Bollandistes* situam com precisão a data do seu martírio, no ano de 235. Teria nascido na Síria, e seu pai, Dióscuro, passa por ter sido um "pagão fanático", inimigo feroz dos cristãos, e que, por isso, cuidava de manter a filha afastada de qualquer contato com estes contemptores do Imperador. Mas a lenda acrescenta que a jovem era de uma beleza incomum, e que seu pai a mantinha trancada em um jardim, para guardá-la só para si. Mesmo assim, deu-lhe os melhores professores da época e teria sido por meio de alguns deles que descobriu a religião cristã. Ela enviou cartas para Orígenes, "o primeiro dos doutores cristãos da época", que lhe mandou um discípulo para batizá-la.

Outra tradição assegura que ela estava rezando em seu jardim, quando uma fonte jorrou de repente, e São João Batista apareceu, para batizá-la. Logo em seguida, surge um rapaz belíssimo, que lhe dá um anel de ouro, signo de casamento, junto com uma palma que, como todos sabemos, é símbolo de martírio.

Casada com Jesus por secretas núpcias, Bárbara recusa todos os pretendentes apresentados por seu pai. Saindo da clandestinidade, passa a quebrar as estátuas dos deuses, e desenha o sinal da cruz em toda parte. O pai, enfurecido, puxa da espada para matá-la, mas ela reza, suplicando que Deus não permita que o pai cometa tão horrível pecado. Milagrosamente transportada para o alto de uma montanha, esconde-se em uma gruta. Há quem diga que o rochedo se abriu para abrigá-la. Mas o pai descobre o seu paradeiro e manda encarcerá-la em uma torre. Entrega então a filha à justiça do Império.

O martírio de Santa Bárbara segue o roteiro já nosso conhecido, no qual o acúmulo de sevícias é deveras inacreditável. A jovem é sucessivamente açoitada, recortada por garras de ferro, pendurada pelos pés, mas se mantém a salvo. Os carrascos a queimam, arrancam-lhe os seios, e assim por diante, mas ainda não morre, então é preciso cortar-lhe a cabeça, o que é feito pelo próprio pai. É demais, e a ira celeste não tarda em se manifestar, e um raio cai sobre Dióscuro, "consumindo-o em um instante e, em negro torvelinho, espalha as cinzas de tal maneira que nenhum vestígio permanece", dizem ainda os nossos autores. Há em toda a lenda uma (não muito sutil) sugestão de sentimentos incestuosos por parte daquele pai tão desnaturado. O que não é incomum em antigos contos europeus, onde se encontra freqüentemente o tema da linda princesa encerrada em um jardim por um pai ciumento, do qual só consegue se livrar pela intervenção de algum herói, que a desposa. No caso de Santa Bárbara, há como que uma reinterpretação cristã do tema, e podemos pensar que a transmissão oral de contos e lendas teve o resultado de entrelaçar estreitamente detalhes oriundos de tradições diversas.

O raio que fulminou o pai, aniquilando-o, fez com que Bárbara, daí por diante, fosse tomada como protetora contra as tempestades. Nos terreiros afro-brasileiros é confundida com o orixá Iansã, "rainha dos raios".[55] Na tradição católica mais ortodoxa, Santa Bárbara é tida como a padroeira de todos aqueles que lidam com explosivos e fogos de qualquer natureza, sendo particularmente venerada pelos Corpos de Bombeiros. E as rezadeiras da cidade mineira de Teófilo Otoni recomendam:

"Pega uma vela, acende e coloca pelo lado da nuvem. Depois chama por Santa Bárbara 3 vezes:
'Minha gloriosa Santa Bárbara,
Manda esse vento aonde estão as feras'
Reza para ela um Pai-nosso e uma Ave-maria. Pega um ramo bento, faz uma cruzinha, põe fogo e põe a fumacinha no vento. (Pro lado em que a fumaça der, o vento vai embora.)"

---

55. Sendo que, em Cuba, onde se pratica a *Santeria*, religião sincrética de origem africana em todos os aspectos comparável ao nosso candomblé, Santa Bárbara é curiosamente assimilada a um orixá masculino, Xangô, deus do trovão, que, no Brasil, costuma ter o equivalente católico em São Jerônimo, e também em São João Batista. Essa última correspondência sugere curiosa aproximação com a lenda citada anteriormente, dando suporte a reinterpretações particularmente estranhas, como a história de Santa Bárbara contada a Beatriz Dantas por uma mãe-de-santo sergipana, em que São Jerônimo é o próprio pai da santa (ver Dantas, 1988).

Mais uma vez, antigas práticas mágicas se misturam com preces católicas para garantir a sobrevivência dos devotos de qualquer lugar.

SANTA CATARINA
FESTEJADA A 25 DE NOVEMBRO

Há várias Catarinas no hagiológio católico, mas, em nossas igrejas, parece tratar-se de Santa Catarina de Alexandria, por estar sempre representada com uma grande roda ao seu lado, aludindo ao instrumento do seu suplício.

No ano de 305, o imperador Maxêncio convocou os cidadãos de Alexandria para oferecer sacrifícios aos deuses e abandonar o cristianismo, aos quais muitos já se haviam convertido. Para convencê-los, promoveu um debate público, em que tomaram parte "cinqüenta filósofos pagãos" que havia convidado para esse fim específico. Mas entre os cristãos estava uma jovem donzela de 18 anos, muito rica e estudada, que tanto argumentou, "usando a lógica filosófica", que acabou convertendo todos os cinqüenta. Enfurecido, o imperador os condenou à fogueira. Como eles receavam morrer sem terem sido batizados, Catarina lhes assegurou, diz Varazze, que "o derramamento do seu sangue será o seu batismo e sua coroação". Foram mortos, e os cristãos os sepultaram.

Mas Catarina era belíssima — como todas essas santas donzelas de que falamos — e o imperador tentou seduzi-la, garantindo-lhe um lugar de destaque em seu palácio, logo depois da imperatriz. A jovem declarou já ser casada com o Cristo, e o imperador mandou açoitá-la e prender em uma masmorra, onde deveria ficar doze dias sem comer. Maxêncio teve de viajar e, durante a sua ausência, a imperatriz a foi visitar, acompanhada do general Porfírio. Como era de se esperar, Catarina os converteu, assim como a sua guarda de duzentos soldados.

Durante a sua reclusão, Catarina foi alimentada por uma pomba enviada por Deus, de tal modo que o imperador, ao retornar da viagem, a encontrou cheia de viço e saúde. Ainda tentou convencê-la a desistir do cristianismo e ser a sua concubina. Sendo mais uma vez repelido, mandou forjar uma engenhoca particularmente cruel (além de complicada, diga-se de passagem) para torturá-la. Era formada por quatro rodas munidas de navalhas afiadas que, ao girarem em sentidos opostos, duas a duas, haveriam de dilacerar o corpo da jovem. Mas, na hora do suplício, as rodas quebraram e as lâminas feriram os presentes, com tanta força, diz Varazze, que "quatro mil pagãos morreram". Catarina foi finalmente decapitada, e "os anjos pegaram o seu corpo e o levaram daí até o monte Sinai, onde o enterraram". É claro que a imperatriz, o general, e mais os soldados que se haviam convertido foram igualmente condenados e mortos.

No século IX, guiados por um sonho, os monges do mosteiro da Transfiguração, que havia sido fundado no Sinai em 542, descobriram o seu corpo, e o convento passou a lhe ser dedicado. Varazze sublinha a excelência e a amplitude dos dons recebidos por Santa Catarina: sabedoria, eloqüência, constância, castidade, além do privilégio de provocar inúmeros milagres depois da sua morte. E dizem que, por muitos anos, um óleo escorria da sua ossada, e era utilizado para curar os doentes.

Antigamente, na França, era atribuída a Santa Catarina uma das funções desempenhadas no Brasil por Santo Antônio: a de ajudar moças casadoiras a encontrar marido. No dia de sua festa, as moças que já haviam alcançado a idade (então provecta) de 25 anos sem ainda ter casado ofereciam à estátua da santa um chapéu confeccionado por elas, com derradeira súplica de lhes dar um marido. Na Paris da *Belle Époque*, essa tradição dava ensejo a um cortejo particularmente animado, em que as jovens costureiras e chapeleiras das casas da Alta Costura, usando elas mesmas chapéus bem coloridos, desfilavam em homenagem à sua padroeira. E, ao que parece, esse uso de *"coiffer sainte Catherine"* dava resultados, já que a minha avó, Rose Antoinette Auvray, foi uma delas...

SANTA EDWIGES
FESTEJADA A 16 DE OUTUBRO

A devoção a Santa Edwiges, protetora dos endividados, só faz crescer. Nos últimos anos, passou a ser destacada entre aqueles que chamamos de "santos da crise", convocados para ajudar nas dificuldades da hora. E qual o problema mais premente — além dos de saúde — do que a necessidade de escapar das dívidas? De tal modo que sua festa, no Rio de Janeiro, onde possui uma ampla igreja situada no bairro de São Cristóvão, vem se estendendo por vários dias. De dez dias em 1999, quando os "santos da crise" despertaram a nossa atenção, passou-se para duas semanas em outubro de 2000, mantidas no ano seguinte. Interessante é que as missas são, por assim dizer, "especializadas", pois, em cada dia, são ofertadas em nome de uma categoria de profissionais, nessa ordem:

"Profissionais de transportes; profissionais de educação e estudantes; magistrados, advogados e serventuários da justiça; comércio e indústria; policiais militares, forças armadas e vigilantes; profissionais da imprensa, cineastas e artistas; profissionais de saúde; funcionários públicos e bancários; religiosos e religiosas".

Para cada grupo, há a realização de uma missa, seguida de novena. Em 2000, um grupo profissional foi privilegiado, ao ser o único a se beneficiar com *quatro missas* em um só dia. Era aquele que reunia os profissionais do "comércio e indústria", sem dúvida os mais implicados na crise financeira. Mas, em 2001, esse grupo não recebeu o mesmo destaque. O que interpretamos em termos pouco alvissareiros: hoje em dia *todas* as categorias sociais e profissionais estão angustiosamente endividadas.

Mas a oração que consta do folheto distribuído no início de cada missa mostra que a mediação da santa não se restringe ao aspecto financeiro:

"*Pelos pobres, sofredores, endividados, doentes e marginalizados, para que superem todos estes problemas, rezemos:*
Santa Edwiges, rogai a Deus por eles."

Santa Edwiges nasceu em 1174 na Bavária. Filha de duque, irmã de bispo e de patriarca, cunhada de rei, aos doze anos foi casada com o futuro Duque da Silésia, Henrique, então com dezoito anos. Quando Henrique se tornou duque, em 1202, Edwiges o convenceu a fundar um mosteiro de monjas cistercenses em Trebniz (hoje Polônia, como também quase toda a Silésia). Primeiro mosteiro de mulheres na região, seria também um educandário para órfãs pobres. Conforme a vocação de cada uma, encaminhava ora para o convento, ora para o casamento.

O casal ducal teve seis filhos e, depois do último nascimento, Edwiges persuadiu o esposo a abster-se doravante da atividade sexual, jurando, na frente do bispo, manter sempre a continência. De acordo com o Padre Vergílio Zoppi, autor de um opúsculo extremamente edificante que pode ser adquirido junto ao santuário de Santa Edwiges, no Rio, esse juramento teria sido proferido no domingo de Páscoa de 1209, em Wroclaw. Edwiges estaria com 25 anos e Henrique com 28, muito cedo, pelos nossos padrões atuais, para renunciar à vida sexual. Diz a tradição que a duquesa exortava a todos para que lhes seguissem o exemplo.

Entre outras virtudes, tinha horror à maledicência. Era extremamente paciente, suportando as aflições com exemplar resignação cristã, até mesmo quando todos os seus filhos foram morrendo, sucessivamente. Protegia os mendigos, as viúvas pobres, os doentes, e fundou também uma casa de recolhimento para leprosos, enquanto Henrique, que em nada lhe era inferior na caridade, criava um hospital em Wroclaw. Ambos deixavam de lado as roupas luxuosas para se vestirem de maneira humilde, chegando Edwiges a somente usar roupa de segunda ou terceira mão, e, ao acreditar nos incomparáveis *Petits Bollandistes*, quanto mais esfarrapada, melhor.

O mais notável, porém, era a sua caridade. Sempre se fazia acompanhar por um séquito de 13 aleijados, aos quais dava assistência em homenagem a Jesus e aos doze Apóstolos. E, sobretudo, "preservava os seus súditos dos vexames dos oficiais de justiça(...) Chegava às lágrimas ao pedir que o seu intendente não cobrasse as dívidas com demasiado rigor." Nota-se que ela não mandava perdoar as dívidas, mas sim cobrar sem violência nem rispidez... Como se vê, protegia os endividados, mas não contestava os direitos dos cobradores.

A tradição lhe atribui dois milagres: dois facínoras condenados à morte pelos seus crimes foram ressuscitados devido às preces da duquesa. Teria sido também abençoada com o dom da profecia.

Quando o esposo faleceu, em 1238, Edwiges recolheu-se definitivamente ao convento que havia fundado, morrendo em 15 de outubro de 1243. Foi canonizada em 1267 ou 1268, conforme os autores, mas, em todo caso, no espaço de uma geração apenas. O dia de sua festa ficou em 16 de outubro, e os Estigmatinos[56] que, no Rio de Janeiro, cuidam do seu santuário assinalam que o polonês João Paulo II foi proclamado Papa no preciso dia de 16 de outubro de 1978, coincidência que trouxe alegria a todos os devotos dessa ilustre santa da Polônia.

No Brasil, até agora, não consegui situar com precisão a época em que teria começado a devoção a Santa Edwiges. A chegada ao Brasil da congregação dos Estigmatinos se deu em 1910, mas a construção de sua igreja, no Rio de Janeiro, é obviamente bem recente. É possível que a introdução da devoção, tal como no caso de São Judas Tadeu, tenha se processado entre meados do século XIX e início do século XX, em decorrência do esforço dos "bispos reformadores" para trazerem aqui santos não comprometidos com as práticas condenáveis do "catolicismo popular". Mas, ao que parece, tais práticas permaneceram ativas, e conseguiram até mesmo desvirtuar a devoção à santa, tal como já foi assinalado em relação a São Judas Tadeu. Pois a nossa equipe recolheu o texto de uma oração, em que todos os "esses" foram substituídos por cifrões:

"$anta Edwige$,
Rogai por nó$ etc."

---

56. Fundada por São Gaspar Bertoni (1777-1859), essa congregação parece ter como vocação principal a formação dos jovens para uma vida cristã. O fundador foi canonizado em 1989 pelo Papa João Paulo II.

Quem desenhou essa nova versão de uma oração clássica julgou talvez estar fazendo uma inocente brincadeira. Aos olhos de uma pessoa com um mínimo de comprometimento com os valores do cristianismo, no entanto, não será este o mais claro exemplo da reversão operada pela sociedade de consumo? Quando o desejo do gozo imediato passa a ser o motor da conduta e quando, literalmente, a marca do dinheiro se impõe até mesmo no texto de uma oração...

Isso sem falar das inúmeras "correntes" que recolhemos e, tal como já foi comentado a respeito da devoção a São Judas Tadeu, ingressam francamente no terreno da magia:

"16 de outubro — dia de Santa Edwiges
Beije alguém que você ama, quando receber esta carta. Esta corrente vem lhe trazer sorte. A carta original está numa igreja na Inglaterra. Agora a sorte foi enviada para você.
[recomenda o envio de 20 cópias, na espera de que algo aconteça dentro de 4 dias;
cita o caso de alguém que recebeu uma grande quantia em dólares que, conforme a versão recolhida, vai de 70 mil a 250 mil dólares; mas se dedica sobretudo a ameaçar quem pensaria em quebrar a corrente]
Philip Grener recebeu a carta e não ligou: perdeu a esposa em seis dias.
Dallas Analla recebeu a carta e jogou fora, perdeu tudo o que tinha e morreu 37 dias depois.
Carlos Maclair recebeu a carta e guardou. Perdeu o emprego. Ao lembrar-se da carta, distribuiu as cópias e em 10 dias arrumou outro emprego."

Iniciado em um tom quase carinhoso, o texto da corrente logo parte para ameaças de morte, ainda que o final aponte para uma possibilidade de reparação. Mas é interessante observar a precisão das "informações", ao fornecer os nomes dos supostos beneficiados — ou dos prejudicados. Soam como extremamente fantasiosos, evocam seriados americanos ou novelas mexicanas; em todo caso, tendem a situar os casos fora do Brasil, remetendo a uma geografia imaginária em que as coisas sempre são melhores, ou mais importantes, no exterior. Sem falar que todos os contemplados ganharam em dólares...

Por mais que os zeladores das igrejas se esmerem em retirar os folhetos das correntes dos bancos das igrejas, estes reaparecem constantemente, como que ao afirmar — tal como vimos com São Judas — a permanência de desejo e temor que, longe de se preocupar com a esperança da salvação, perpetua em meio às igrejas a presença de Mamona.[57] Seguramente, não era essa a intenção da Duquesa da Silésia, quando rogava que os seus intendentes tratassem com delicadeza os problemas dos devedores...

SANTA INÊS
FESTEJADA A 21 DE JANEIRO

A santa costuma ser representada como uma jovem mulher, de cabelos compridos até o chão, tendo um cordeiro branco aos seus pés. O cordeiro é símbolo de inocência, mas também remete ao seu nome italiano, *Agnese*. É uma santa de Roma, onde belíssima igreja é-lhe dedicada na Praça Navona. Diz a tradição que essa igreja, *Santa Agnese in Agone*, foi edificada no lugar exato onde a jovem, exposta nua à cobiça dos pagãos, teria sido recoberta pelos cabelos que lhe cresceram milagrosamente.

A sua história, contada por Jacopo da Varazze, segue o roteiro bem conhecido, da virgem belíssima, nobre, rica, encantadora e cortejada, que a todos repele para se proclamar esposa do Cristo, é denunciada como cristã, e martirizada sob o reino de Diocleciano.

Com a idade de apenas 12 ou 13 anos, inspira violenta paixão ao filho do "prefeito de Roma": "Prometeu-lhe pedras preciosas, imensas riquezas, para que ela o aceitasse como esposo. Inês respondeu: 'Afaste-se de mim, fonte de

---

57. Antigo deus da riqueza entre os Sírios, foi nominalmente citado por Jesus: "Não se pode servir, ao mesmo tempo, a Deus e a Mamona" (*Mateus*, 6).

pecado, alimento de crime, pasto de morte! Um outro amante tomou o meu coração'. E começou a elogiar o seu amante, esposo possuidor das cinco qualidades que as esposas exigem dos esposos, que são: nobreza da origem, beleza esplendorosa, grande riqueza, coragem e poder verdadeiro e, por fim, grandíssimo amor". Prosseguindo na descrição poética dos laços que a prendem ao esposo divino, Inês leva o seu pretendente à loucura. Ele adoece, e o pai procura saber de quem se trata. Logo, os seus espiões informam que o esposo de quem Inês tanto falava era Jesus Cristo.

Trazida na frente do prefeito, ela reitera o seu compromisso, e ouve dele a ameaça: "Se prezas a tua virgindade, ofereça um sacrifício à deusa Vesta, junto com as outras virgens. Se recusares, serás exposta nua em um bordel". Foi então que se deu o milagre: "O Senhor fez crescer a sua cabeleira, tornando-a tão espessa que ela se encontrava mais coberta do que quando estava vestida. E quando ela entrou naquele lugar infame, havia um anjo do Senhor à sua espera, que encheu o local de uma luz extraordinária, ao mesmo tempo que lhe oferecia um vestido branquíssimo. De tal modo que o lugar da prostituição tornou-se lugar de oração. Quem nele penetrava, mais puro saía do que quando havia entrado, tal era o poder daquela imensa luz". Rapazes enviados pelo pretendente desprezado voltaram convertidos. Furioso, o jovem se precipitou no aposento, mas "a luz o derrubou e, já que não quis render graças a Deus, morreu sufocado pelo diabo". O pai dele acusou Inês de feitiçaria, e a desafiou: "Se você conseguir que ele ressuscite, verei que você não recorreu às artes mágicas". Inês pôs-se a rezar, e o rapaz voltou à vida e começou a pregar publicamente a fé cristã.

O prefeito estava disposto a libertá-la, mas, diante da pressão dos sacerdotes pagãos, que instigavam o povo contra ela, entregou o caso a um dos seus lugar-tenentes, que se encarregou do suplício. É condenada a ser queimada, mas o fogo se apaga. É finalmente degolada. Enterrada por parentes na Via Nomentana, aparece-lhes vestida de um hábito de ouro brilhante, tendo ao lado o cordeiro, símbolo de uma pureza ainda mais resplandecente.

O culto da santa expande-se em Roma. Quando o imperador Constantino resolveu batizar a sua filha, Constança, na religião cristã, a cerimônia teve lugar perto do túmulo de Inês, e em cima dele, no ano de 342, foi erguida uma basílica, *Sant' Agnese fuori le Mura*. O nome — Santa Inês fora dos Muros — indica que se encontrava fora da cidade de Roma propriamente dita. Mas, como assinalamos, a santa recebeu mais tarde uma outra igreja, situada desta vez bem no centro da Cidade Eterna, evidenciando a importância da devoção que lhe era dirigida. Dizem os *Petits Bollandistes* que, no dia de Santa Inês, o Papa costumava benzer dois cordeiros, cuja lã servia mais tarde para tecer os pálios que seriam enviados, a cada ano, aos "Patriarcas e Metropolitanos do mundo católico". Não foi possível verificar se essa encantadora tradição se mantém até hoje.

SANTA MARIA MADALENA
FESTEJADA A 22 DE JULHO

Seguramente, as lendas que cercam a vida de Maria Madalena em nada a aproximam da santa precedente. Pois de virgem não tem nada, e é geralmente sinônimo de mulher pecadora, talvez prostituta, que no entanto se redimiu. Por isso costuma ser representada na forma de uma moça bonita em atitude de meditação — diante de uma caveira que simboliza a inanidade dos prazeres terrenos — ou de arrependimento, desgrenhada e seminua.

Pesquisas recentes tendem a concluir que a figura de Santa Madalena resultaria da fusão de três personagens do Novo Testamento. Primeiro, temos o episódio em que uma pecadora anônima ungiu os pés de Jesus, provocando uma reação escandalizada por parte dos fariseus. Relata São Lucas:

"Eis que uma mulher da cidade, pecadora, sabendo que (Jesus) estava à mesa na casa do fariseu, levou um vaso de alabastro com ungüento, e estando por detrás, aos seus pés, chorando, regava-os com suas lágrimas e os enxugava com os próprios cabelos; e beijava-lhe os pés e os ungia com o ungüento.

Ao ver isso, o fariseu que o convidara disse consigo mesmo: se este fora profeta, bem saberia quem e qual é a mulher que lhe tocou porque é pecadora". [Ele expressa a sua perplexidade para Jesus, que lhe mostra a importância do perdão], concluindo: "Por isso te digo; perdoados são os seus muito pecados, porque ela muito amou."

Em segundo lugar, temos Maria, irmã de Lázaro, ambos originários de *Betânia*. Mas São João, em seu evangelho, afirma tratar-se da precedente:

"Esta Maria, cujo irmão Lázaro estava enfermo, era a mesma que ungiu com bálsamo o Senhor e lhe enxugou os pés com os seus cabelos."

Por fim encontramos Maria Madalena, isto é, da cidade de *Mágdala*, citada por São Lucas em meio às mulheres que seguiam Jesus, depois de terem sido "curadas de espíritos malignos e de enfermidades; Maria, chamada Madalena, da qual saíram sete demônios".

Foi a mesma que acompanhou a Paixão de Cristo e que, diz São João, presenciou a sua primeira aparição depois da Ressurreição:

"Maria permanecia junto à entrada do túmulo, chorando (...) [dois anjos, sentados dentro do sepulcro] lhe perguntaram: mulher, por que choras? Ela lhes respondeu: porque levaram o meu Senhor, e não sei onde o puseram.

Tendo dito isto, voltou-se para trás, e viu Jesus em pé (...)

Então saiu Maria Madalena anunciando aos discípulos: 'Vi o Senhor!'"

Como se vê, nos Evangelhos nada autoriza a considerar que Maria de Betânia e Maria Madalena sejam a mesma pessoa. Um dos autores da *Histoire des femmes en Occident* dedicou um capítulo inteiro àquilo que chama de construção da personagem de Maria Madalena, e atribui a São Gregório Magno a autoria da fusão. Os especialistas da Idade Média não se furtam a apontar a crescente misoginia que foi tomando conta da cristandade, quando a única mulher poderosa é a Virgem Maria, e as demais, forçosamente, são escravas do pecado. Na França medieval, assiste-se a uma progressiva reinterpretação da figura de Maria de Mágdala ou de Betânia, que sublinha a "sede de luxúria" da antiga "meretriz" e insiste nas penitências às quais se teria entregue no deserto. Os sermões dos religiosos, dirigidos às mulheres, situam-se em um cenário social e político em que é preciso, como mostra Georges Duby, "podar" as veleidades de autonomia daquela raça diabólica. É claro que o mesmo processo ocorre na península ibérica, como já assinalamos, a respeito da formosa judia que tentou desencaminhar Santo Antônio. E não se pode esquecer que Jesus tirou nada menos que *sete* demônios do corpo de Maria Madalena... Mas, ao mesmo tempo, a mensagem do Evangelho é de total perdão. A lenda segundo a qual Madalena se foi entregar a violentas macerações no deserto não condiz com o que poderia ser a humilde aceitação do perdão de Deus. A graça do sacramento da penitência deu lugar aos exercícios de expiação, incorporando as tradições ligadas a santas ascetas do deserto. E, nesse ponto, parece ocorrer mais uma fusão: certa iconografia faz de Madalena uma criatura esquelética, feia e envelhecida, coberta de trapos, que mais parece corresponder à figura de Santa Maria Egipcíaca. Essa prostituta de Alexandria, "impedida" por uma força maior de entrar na igreja, atribui essa impossibilidade à culpa pela sua lascívia e foge para expiar os seus pecados no deserto. Vive lá por 47 anos, até que é descoberta por São Zózimo, que lhe traz o perdão.

A *Lenda Áurea*, que forneceu essas informações, na verdade pouco se detém na vida pregressa de Madalena. Dedica-se a contar o que aconteceu depois da Ascensão do Senhor, quando o séquito feminino de Jesus passa a acompanhar os apóstolos. Conta que os mesmos se dispersaram, para levar a "boa nova" aos gentios. São Pedro havia especialmente recomendado Madalena aos cuidados de São Maximino, discípulo da segunda geração. Ocorreu que "São Maximino, Maria Madalena, Lázaro, o seu irmão, Marta, a sua irmã, e Martilha, serva de Marta, assim como o bem-aventurado Cedônio, o cego que fora curado pelo Senhor, foram colocados, todos juntos, pelos infiéis, em uma nau sem piloto, e abandonados no mar, para que perecessem. Mas Deus permitiu que chegassem até Marselha". Essa piedosa lenda, à qual já aludimos ao falarmos da vida de São Lázaro, foi se elaborando na Provença, com um efeito legitimador sobre todos os lugares de romaria. Até hoje se visita a *Sainte Baume*, gruta na montanha onde Maria Madalena teria encontrado refúgio, e para onde convergem os peregrinos no domingo de Pentecostes.

Ainda que no Brasil não pudemos encontrar sinais de um culto popular especificamente dirigido a Santa Madalena, vale a pena, no entanto, transcrever um cântico de "condução do Rosário", recolhido em Minas por Núbia Gomes e Edimilson Pereira:

"Óia a Santa Madalena
Tem seu cabelo louro
Onde mora esta santa?
Mora na terra do ouro",

representação essa que nos evoca as antigas lendas de mouras encantadas e tesouros escondidos...

SANTA MARTA
FESTEJADA A 29 DE JULHO

Como acabamos de ver, Santa Marta era irmã de São Lázaro e de Santa Maria Madalena. É personagem do Novo Testamento, quando São João mostra-a saindo ao encontro de Jesus, que fora avisado da morte de Lázaro:

"Disse, pois, Marta a Jesus: 'Senhor, se estiveras aqui não teria morrido meu irmão. Mas também sei que, mesmo agora, tudo quanto pedires a Deus, Deus te concederá'."

Depois de afirmar-lhe "Eu sou a ressurreição e a vida", Jesus se dirige para o túmulo e traz Lázaro de volta à vida. Santa Marta é, por conseguinte, um grande exemplo de fé. Mas o evangelho de São Lucas, ao contar mais detalhes sobre a relação habitual de Jesus com as irmãs em Betânia, aponta para duas maneiras distintas de viver a fé cristã:

"Entrou Jesus num povoado. E certa mulher, chamada Marta, hospedou-o na sua casa.

Tinha ela uma irmã, chamada Maria, e esta quedava-se assentada aos pés do Senhor a ouvir-lhe os ensinamentos.

Marta agitava-se de um lado para outro, ocupada em muitos serviços. Então se aproximou de Jesus e disse: 'Senhor, não te importas de que minha irmã tivesse deixado que eu fique a servir sozinha? Ordenha-lhe, pois, que venha ajudar-me'.

Respondeu-lhe o Senhor: 'Marta! Marta! Andas inquieta e te preocupas com muitas coisas. Entretanto, pouco é necessário, ou mesmo uma só coisa: Maria, pois, escolheu a boa parte e esta não lhe será tirada'."

Por essas palavras, Jesus estabelece a superioridade da vida contemplativa, o que, mais tarde, dará origem às Ordens religiosas que escolherão essa via. E, por cuidar de todos os detalhes práticos da vida da casa, Marta, daí por diante, será tomada como santa padroeira das donas de casa. Esse encargo, que o próprio Jesus quase que desqualifica, por preocupar-se com detalhes de somenos importância, enquanto a única coisa que importa é ouvir a palavra de Deus, não parece ter inspirado os hagiógrafos, que, em compensação, carregaram de lendas maravilhosas o fim da vida de Marta.

Jacopo da Varazze dá logo uma dimensão nobre às origens da santa: "Marta, que hospedou Jesus Cristo, provinha de raça real, sendo o seu pai Siro e sua mãe Eucharia. Seu pai foi governador da Síria e de muitos países situados à beira do mar. Por herança de sua mãe, Marta possuía, junto com a irmã, três castelos: Mágdala, Betânia, e uma parte da cidade de Jerusalém." Em poucas frases, Varazze assume a fusão das diversas Madalenas, e ainda atribui ao povoado citado por São Lucas as dimensões de um castelo. É que escreve em plena Idade Média e, por mais que os evangelhos sempre situem o entorno de Jesus em meio a pessoas humildes, no tempo da *Lenda Áurea*, nobreza e santidade se confundem.

Mas o nosso autor tem mais o que contar e se detém nos passos de Marta depois da Ascensão, retomando a lenda que já descrevemos a propósito de

Madalena e Lázaro quando, junto com um séquito de santos, são todos colocados em uma nau "de onde foram tirados os remos, as velas e os lemes, assim como qualquer tipo de alimento". Como sabemos, "governado por Deus", o navio chegou a Marselha.

Coube a Marta uma tarefa específica: libertar as bordas do rio Ródano do domínio de um dragão particularmente feroz, pois que fora gerado por Leviatã, monstro descrito na Bíblia. Bastou, porém, que Marta lhe mostrasse a cruz, ao mesmo tempo em que o aspergia com água benta para que a besta ficasse mansinha. Marta a amarrou com a sua cinta, trazendo-a para junto do povo, que a massacrou. Daí por diante, a santa se fixou na região, onde, até hoje, é festejada a morte do dragão, chamado *Tarrasque*, na forma de uma espécie de carnaval.

Santa Marta retirou-se do mundo para uma vida de preces e jejuns. Fundou uma basílica dedicada a Nossa Senhora, e continuou produzindo muitos milagres, mas nenhum tão portentoso quanto o de vencer o dragão, motivo pelo qual é geralmente representada na companhia deste, levando na mão o recipiente de água benta.

Diz a lenda que foi avisada por Deus do dia de sua morte, que ocorreu oito dias depois da de sua irmã Madalena. No dia seguinte, um santo francês, Saint Front, estava dizendo a missa em Périgueux, cidade do oeste distante umas cem léguas, ou mais, da região da Provença, quando foi milagrosamente transportado pelos ares até o lugar onde se encontrava o corpo de Santa Marta, para enterrá-lo. O túmulo tornou-se palco de inúmeros milagres, sendo que um dos mais notáveis foi o de curar a "doença dos rins" de Clóvis, rei dos Francos, recém-convertido ao cristianismo.

Vê-se que as lendas de Santa Marta, assim como as de São Lázaro e Santa Madalena, foram todas elaboradas na mesma região do sul da França, provavelmente por religiosos do lugar que talvez precisassem criar focos de romaria em uma província situada à margem do percurso natural dos peregrinos que se dirigiam para Santiago de Compostela. Pois os diversos "caminhos" de Compostela eram marcados por uma infinidade de conventos e igrejas, cada qual com seu santo milagroso, e cada etapa recebia um afluxo de peregrinos. A Provença, por sua vez, era percorrida por aqueles que iam para Roma, além de oferecer vários portos de embarque para a Terra Santa.[58] Situar Marselha como ponto de chegada de santos que tiveram o privilégio de compartilhar a vida de Jesus permitia estabelecer a continuidade entre duas margens opostas do Mediterrâneo[59], além de assegurar, pelo relato de tantos milagres, a reinterpretação de antigos rituais pagãos, numa terra colonizada, havia muito, pela Grécia.

Esta minha hipótese, de um culto predominantemente mediterrâneo das "santas-Marias-do-Mar", encontra reforço na singular posição ocupada por Santa Marta em certas orações ibéricas, nas quais a qualidade de vencedora do dragão era evocada pelas mulheres para... atrair os homens:

"Señora Santa Marta/ digna sois y santa/ de mi Señor Jesucristo querida e amada(...)/ con la braba serpiente encontrasteis/ con el hisopo y el agua bendita la rociastis/ con vuestra santa faja atastis/ en ella subistis/ y cabalgastis/ a las puertas del Rey llegasteis/ a los paganos dixistis/ Paganos, veis aquí os traigo, / la braba serpiente/ que comía en dia y mataba/ así como esto es verdad/ liga, lerda y aligada/ así como esto es verdad/ me traiga aquí lo que os pido."

Tanto poder acaba sugerindo alguma estranha ligação entre Santa Marta e o dragão, que cavalga para chegar à porta de El-Rei. A magia — e nossas pesquisas no campo dos rituais populares de quaisquer que sejam as origens nos convenceram disso — é coisa de mão dupla. Não há magia "boa" ou "ruim", "branca" ou "negra", pois o poder mágico sempre circula, ao mesmo tempo, em ambos os sentidos. E Maria Helena Ortega, que recolheu a oração acima,

---

58. Como vimos, São Lázaro, por sua vez, foi tomado como patrono pela Ordem dos Hospitaleiros, que se dedicavam a cuidar dos Cruzados.
59. A presença de Saint Front, de Périgueux, parece obedecer à necessidade de associar o culto local, provençal, com um lugar conhecido como importante etapa no caminho de Compostela, do mesmo modo que a lenda da descoberta do corpo de Santana, relatada anteriormente, faz intervir Carlos Magno, associado a Roncesvales, etapa do "caminho francês".

datada da Espanha setecentista, mostra que na mesma época circulava outro conjuro, com os mesmos fins, evocando desta vez "outra Marta":

"Marta, Marta/ no la digna, ni la santa/ la que descasas casadas/ la que juntas los amancebados/ y que andas de noche por las encrucijadas..."

Duas faces da mesma moeda? Fusão talvez de Marta e Madalena, que remetem ambas ao poder ambivalente das mulheres. E, no caso, mulheres condenadas, já que ambos os conjuros constam de processos lavrados pela celebérrima Inquisição Espanhola, no século XVII. Voltamos àquilo que já observamos acerca do empenho em podar qualquer tipo de independência e poder por parte das mulheres, associando-os, necessariamente por assim dizer, às artes diabólicas. E Santa Marta cavalgando o dragão como se fora uma égua mansinha decerto havia de estimular o imaginário misógino de quantos censores!

SANTA RITA DE CÁSSIA
FESTEJADA A 22 DE MAIO

Com Santa Rita, voltamos às personagens cuja vida foi documentada pela história. Mesmo assim, se compararmos com os relatos referentes a Santa Edwiges, por exemplo, que nasceu dois séculos antes, vemos que há muito mais lendas em torno da santa italiana, talvez por ela ser de mais baixa extração, com poucos detalhes objetivos registrados, enquanto na vida da duquesa, necessariamente documentada por escribas oficiais, menos espaço haveria para as recriações fantasiosas. Isso confirmaria a nossa hipótese de trabalho, conforme a qual santos pouco conhecidos melhor se prestam aos enriquecimentos biográficos.

Nascida em Rocaporena, aldeia da Umbria, em 1380 [ou 1381, ou 1386, dependendo das fontes], era filha de pais piedosos, e desejava entrar para o convento. Mas obedeceu-lhes ao casar-se, com 12 anos de idade. Todos os relatos asseguram que o seu marido era uma verdadeira peste. Até mesmo a enciclopédia editada pelo Vaticano diz que esse Fernando era um *"giovane collerico e aspro"*. Durante 18 anos, Rita [diminutivo de *Margherita*] suportou com resignação o terrível gênio do marido. Aos olhos dos *Petits Bollandistes*, isso a tornaria um exemplar modelo de comportamento para as esposas cristãs: "Deus, que sem dúvida queria que o seu exemplo fosse seguido pelas mulheres cristãs que têm péssimos maridos, permitiu que ela fosse casada com um homem de gênio feroz, o terror da redondeza". Tão odiado que acabou assassinado por desafetos, o terrível Fernando deixou dois filhos, que tivera com Rita. Os meninos, já adolescentes, queriam vingar a morte do pai. Mas Rita não apenas perdoou os assassinos, como pediu a Deus que chamasse os seus filhos, para que não cometessem tão horrível pecado. Ambos morreram.

Após tudo isso, Rita quis ingressar no convento das Agostinianas de Cáscia, também na Umbria, que custou a aceitá-la, por não admitir viúvas. Diz a lenda que, por três vêzes seguidas, apresentou o seu pedido, que foi negado. Mas São João Batista, Santo Agostinho e São Nicolau de Tolentino resolveram atendê-la. Certa noite, enquanto ela estava rezando, os três santos a carregaram pelos ares e a depositaram dentro do convento, cujas portas estavam fechadas. Depois disso, é claro, as monjas a aceitaram. As mortificações às quais Rita se submetia impressionavam a todos, e a eficácia das preces que dirigia a Deus era reconhecida. Mas é sobretudo lembrada por uma "peculiar dádiva". Rezando à frente do Crucificado, pediu que Jesus lhe desse um espinho de sua coroa, que se soltou milagrosamente para fincar-se em sua testa, produzindo-lhe "dores agudíssimas" pelo resto da vida. Dizem também que a chaga desprendia um odor difícil de suportar.

Morreu em 22 de maio de 1457 [ou 1456]. Por causa da chaga, tornou-se logo objeto de um culto local, invocando a sua proteção contra a varíola. Mas goza sobretudo da fama de ser a "advogada das causas impossíveis". Isso talvez se deva à superação da impossibilidade de transpor os muros do convento. Mas a tradição conta também que, durante a sua última doença, uma parente veio visitá-la e perguntou o que lhe agradaria receber. Rita respondeu que nada lhe daria mais alegria do que "figos e rosas". Corria o mês de janeiro, pleno inverno nas montanhas da Umbria, mas, ao chegar em casa, a parente encontrou figos maduros e rosas floridas em seu jardim, que logo colheu para levar às mãos de Rita. Em conseqüência, as imagens a representam geralmente rodeada de rosas, com um crucifixo nas mãos e espinho fincado na testa.

Apesar de toda a devoção que lhe foi logo dedicada pelo povo italiano, só foi beatificada em 1627 e canonizada por Leão XIII em 24 de maio de 1900. Mas fazia muito tempo que todos a tinham por santa, inclusive no Brasil. No Rio de Janeiro, a sua igreja é uma das mais antigas, datando de 1721.

No pé do morro da Conceição, vivia um casal de fidalgos portugueses, Manoel Nascente Pinto e D. Antônia, que haviam trazido de Lisboa um quadro a óleo de Santa Rita de Cássia. "Dia de sua festa, a 22 de maio, era entronizado na sala, entre velas acesas e muitos adornos, e assim exposto à visitação pública", diz Brasil Gerson, que relata como foi que o fidalgo, vendo a grande procura da santa, resolveu fundar uma irmandade em seu nome e edificou a igreja. O fundador e a esposa foram enterrados sob o chão do altar-mor, e a imagem original ainda se encontra na sacristia. Com a ampliação do número de freguesias pelo bispado do Rio, a igreja de Santa Rita foi elevada, em 1751, à condição de matriz e, desde então, recebeu sucessivas ampliações e melhoramentos, ocorrendo, a última, em 1886. Até hoje, a igreja se mantém bonita, bem-conservada, com muitos elementos do rococó original — com adornos de ourivesaria da autoria de Mestre Valentim — e várias imagens setecentistas, entre as quais a de Nossa Senhora da Graça, de origem portuguesa, seria a mais valiosa.

Muitas são as histórias saborosas contadas por Gerson, pois a igreja se encontrava perto do Aljube, prisão para eclesiásticos, e não muito longe da forca. Defronte da igreja, havia também um cemitério de "pretos novos", ou seja, de africanos recém-chegados que faleciam ao serem amontoados no Valongo próximo. Há uma década, obras realizadas naquilo que hoje é um trecho da Rua Miguel Couto exumaram, de fato, muitas ossadas.

Em meados do século XIX, Thomas Ewbank descreve uma festa realizada no adro da igreja e reproduz o texto do convite que havia recebido para comparecer à festa daquela que já gozava do "poder de tornar possíveis as coisas impossíveis":

"A Mesa e os Diretores do Espírito Santo da Paróquia de Santa Rita avisam ao respeitável público que os Irmãos e pessoas devotas contribuam com suas presenças e esmolas para o brilho da Festa". Bom protestante ao mesmo tempo chocado e atraído pelas celebrações papistas, ruma o nosso amigo para a festa noturna, em 22 de maio de 1846: "Ao aproximar-nos, a torre da igreja parecia coberta de lâmpadas coloridas, e a fachada estava vermelha como sangue, pelos reflexos dos archotes acesos no pequeno largo triangular em frente (...) [no interior do templo] de todas as paredes pendiam tapeçarias, e a nave se mostrava brilhantemente iluminada. O altar da santa era como um lençol de luz". Ewbank adquire gravuras bentas e passa a assistir à festa em que são leiloados bolos, pudins, maçãs, frango assado, e até mesmo uma galinha viva e cacarejante! Alimentos adquiridos nessas condições passavam por serem verdadeiras panacéias:

"Quarenta é o lance! Somente quarenta vinténs por um alimento *que curará todas as doenças de quem o comer*"(grifo meu).

Como se vê, a dimensão mágica do culto dos santos não constitui novidade alguma. E a tradição do bolo de Santa Rita se mantém. Em maio de 2001, não era mais leiloado, mas rifado. Por R$ 1,00 foi possível adquirir um bilhete, a ser sorteado no fim do dia 22 de maio, ao longo do qual missas se sucederam. Seguindo, ao que parece, o modelo fornecido pela devoção a outros santos da crise, a programação estendeu-se por duas semanas. No dia da festa, a última missa foi encerrada com a "bênção das rosas"... adquiridas nas inúmeras barraquinhas que rodeavam o Largo de Santa Rita.

À diferença dos outros santos, porém, as conversas que nossa equipe teve com devotas ao longo dos festejos nos levaram à hipótese de que, talvez por se tratar, de longe, de uma devoção muito mais antiga do que as dirigidas a Santa Edwiges ou São Judas, sem falar da recentíssima introdução de Santo Expedito, o culto da santa proviria de longas tradições familiares. A impressão que tivemos foi a de que o relacionamento com Santa Rita não costuma ser pontual, nem determinado pela premência do atendimento de um pedido urgente. Passa a idéia de uma devoção contínua, antiga, cultivada no seio da família. Santa Rita toma feições de uma "amiga" de todo momento, que acompanha a vida das pessoas, passando de geração para geração. É também, visivelmente, uma devoção de mulheres, e a própria santa parece representar uma irmã mais velha, ou uma tia, que oferece aconchego àquelas que a procuram.

Isso não impede que, tal como os outros "santos da crise", a sua imagem seja atualmente distribuída via Internet. Mas a oração recebida por um dos nossos pesquisadores das mãos de uma senhora que vinha agradecer a "graça" de o filho ter passado no vestibular de uma universidade gratuita tem inegável sabor de coisa antiga. É o "Responso de Santa Rita dos Impossíveis":

"De Santa Rita dos milagres/ O mundo inteiro conhece;/ Por seu poder milagroso/ Todo mal desaparece/ A febre, a peste, os demônios/ São por Rita afugentados,/ Os cegos, surdos e mudos/ Ficam todos curados/ Filhos tem, quem pede prole/ E tem fim toda desdita,/ Quando se implora confiante/ A proteção de Santa Rita/ Por Santa dos Impossíveis/ Santa Rita é invocada,/ Pois, aos rogos mais difíceis,/ Sua graça é dispensada!"

Tal como nos tempos de Thomas Ewbank, o encanto permanece. E no fim dos festejos, o pesquisador pouco afeito a freqüentar celebrações católicas rende-se, do mesmo modo que o viajante inglês já fizera: "Quando o Padre fez a bênção das rosas, todos levantaram as flores que tinham na mão, dei uma olhada para toda a igreja, e não acreditei estar vendo tamanha beleza, parecia um campo de flores, muitos seguravam as flores como se estivessem segurando a própria santa, com muita fé e emoção..."

Mas, além da emoção, permanece o mesmo uso mágico de antanho: "Perguntei aos meus companheiros de banco o que eu fazia com as flores, uma mulher me respondeu que eram sagradas, e que eu poderia usar para causas impossíveis, que eu tinha que ter fé, e que eu podia fazer um chazinho com as pétalas, e pedir saúde ou alguma cura". Quer se trate de devoção tradicional ou de explosão mediática, parece que os santos aqui estão para resolver os nossos problemas concretos.[60] E até Santa Rita, cuja maior manifestação de fé cristã talvez tenha sido a de ter pedido a Deus a morte dos próprios filhos para poupá-los de cometer um pecado capital, é celebrada pela lembrança de rosas lendárias, nascidas em meio à neve do inverno, e cujas pétalas acabarão em meizinha...

SANTA TEREZINHA DO MENINO JESUS
FESTEJADA A 3 DE OUTUBRO

O seu nome oficial é "Santa Teresa de Lisieux", do nome da cidade onde viveu e faleceu, mas é conhecida por todos pelo carinhoso apelido de "Terezinha", diminutivo que bem dá a dimensão próxima, quase caseira, dessa santinha, notável pelo seu estilo de inocência infantil. De todos os santos citados até agora, é a mais recente, já que viveu no fim do século XIX.

Nasceu em Alençon, cidade do oeste da França, em 2 de janeiro de 1873. Era a caçula de nove irmãos, filhos de Louis e Zélie Martin. Seu pai era relojoeiro, e a família gozava de um razoável conforto. A menina foi batizada como Françoise, Marie, Thérèse. Nunca teve boa saúde, e quatro dos irmãos que a antecederam já haviam morrido quando ela nasceu. Mas a sua infância transcorreu feliz, até que a mãe também faleceu, quando a menina contava apenas oito anos de idade. Então iniciou-se uma fase que ela própria haveria de chamar um "inverno de provações", quando tudo o que lhe acontecia era motivo de sofrimento.

Conhecemos os detalhes de sua vida, porque Teresa foi incentivada pelos seus superiores a relatar o percurso que a levaria à santidade, e sua autobiografia,

---

60. Não pode ter sido por acaso que determinado partido político tenha escolhido o dia 22 de maio de 2002 para revelar a indicação do nome de *Rita de Cássia* Camata para compor a chapa do candidato governista às proximas eleições para Presidente do Brasil. A homenagem parece algo dúbia: será que não insinua tratar-se de uma causa arriscada e, portanto, merecedora do apoio da santa que "torna possíveis coisas impossíveis"?

Histoire d'une âme, seria rapidamente divulgada logo depois de sua morte. A família fora morar em Lisieux, outra cidade da região, onde a menina iria estudar na escola mantida pela Abadia Beneditina. Com a idade de 10 anos, foi acometida de "estranha doença", descrita como episódio em que "se misturavam convulsões, alucinações e estado de coma" ao longo de três meses, no fim dos quais, ao implorar a ajuda da Virgem, viu-se imediatamente curada. Com todo o respeito, esse tipo de descrição evoca outras tantas perturbações comuns nas moças e adolescentes do fim do século XIX, e cujo tratamento tanta fama traria ao Dr. Charcot... Mas a jovem, já criada em um ambiente de intensa devoção, a ponto de, criancinha ainda, ter resolvido que jamais iria recusar-se a cumprir o que Deus lhe determinaria, foi chegando aos poucos à convicção que lhe caberia dedicar-se a uma vida de contemplação.

Diz ela que, na verdade, muito lhe seduzia a idéia de se tornar missionária para ir evangelizar povos exóticos. Mas a precariedade de sua saúde não lhe permitiria chegar a tanto e, por conseguinte, resolveu entrar no convento de Carmelitas de sua cidade, onde já estavam duas de suas irmãs, Pauline e Marie. A superiora do convento, no entanto, achou cedo demais, pois Teresa mal havia completado 14 anos... O bispo sugeriu que uma dispensa papal fosse possível, e lá se foi a menina para Roma, junto com o pai e uma irmã mais velha, Céline.

Recebida em uma audiência pública, Teresa ouviu do Papa Leão XIII que, "se assim fosse a vontade de Deus, ela ingressaria" na vida religiosa. Sábias palavras essas, que só lhe reforçaram o ânimo, de modo que a menina acabou entrando no Carmel de Lisieux em 9 de abril de 1888, com a idade de 15 anos.

Ao que parece, a vida naquele convento não era das mais sossegadas,[61] com as monjas divididas em facções rivais, mas Teresa não se envolveu, dedicando-se quase que exclusivamente às orações. Em 1893, foi encarregada de orientar as noviças. Foram os seus superiores que lhe sugeriram a redação de vários textos sobre as suas vivências religiosas. O primeiro foi escrito por ela como presente de aniversário para a sua irmã Pauline, o segundo, como pequeno ensaio

---

61. É esta a opinião do autor do verbete dedicado à santa na *New Catholic Encyclopedia*.

espiritual para Marie, e o terceiro e último, dirigido para a Madre Superiora. Logo mais, iniciou-se uma tuberculose, e Teresa faleceu em 30 de setembro de 1897, na idade de 24 anos.

Um ano depois de sua morte, a sua autobiografia, um tanto remanejada, foi enviada para todos os conventos carmelitas, obtendo um surpreendente sucesso. A marca da santa é a sua total simplicidade. Acreditava que qualquer pessoa pudesse se tornar santa, tal como ela própria almejava: "No meu pequeno caminho, só há coisas muito comuns. Todas as pequenas almas podem fazer as mesmas coisas que eu". É esse caminho da simplicidade, descrito com bom humor apesar dos seus reais sofrimentos, que chamou a atenção dos leitores, colocando a santidade, por assim dizer, ao alcance de todos. Ensinou que vidas humildes, com episódios corriqueiros e até engraçados, poderiam se tornar vidas santas. Agradecida a Deus pelas mínimas coisas, era grata também pela doença e pelas dores. As estátuas que a representam, nas feições de uma jovem carmelita com um crucifixo apoiado no ombro esquerdo, mostram os seus braços cheios de rosas. Pois o seu desejo, ao ir ao encontro do seu Senhor, era o de "fazer chover rosas do céu sobre a terra".

Beatificada em 1923, foi canonizada logo em seguida, em 17 de maio de 1925. A Bula assinada pelo Papa Pio XI enfatiza a dimensão de "infância espiritual" própria da pequena irmãzinha Teresa, que consiste naturalmente em sentir e agir no caminho certo, como faz uma criança que se entrega àquilo que os pais determinam. Ou, nas próprias palavras da santa: "Tudo esperar do Bom Deus, como uma criança tudo espera do seu pai (...) Permaneci criança, sem outra ocupação que não colher flores, as flores do amor e do sacrifício, e oferecê-las ao Bom Deus para o seu prazer". Sofrimento e alegria mesclados, em uma esperança que afasta os fantasmas da culpa e do castigo, pois "crianças caem muitas vezes, mas são pequenas demais para se machucar muito...".

Por essa sabedoria tão própria e tão singela, foi Terezinha de Lisieux proclamada Doutora da Igreja por João Paulo II, em 19 de outubro de 1997.

No Rio de Janeiro, a igreja que lhe é dedicada chama a atenção, situada que está juntinho do Túnel Novo, que dá acesso ao bairro de Copacabana. Inaugurada em 1940, o seu estilo é marcadamente *art déco*. Do lado de fora, grandes bancadas foram construídas para servir de apoio às inúmeras velas oferecidas pelos devotos. E no ano do centenário de sua morte, uma relíquia (um dedo) da santa, percorrendo o mundo em caráter itinerante, foi recebida no Brasil, com toda a pompa e devoção.

… Capítulo 6 …

BRASILEIROS NOS ALTARES

O Brasil goza da fama de ser o "maior país católico do mundo",[62] mas até hoje só tem uma santa, de canonização recentíssima, pois acaba de ser proclamada em 19 de maio de 2002, por João Paulo II, o maior fazedor de santos de que a história tem notícia. E mesmo assim, Madre Paulina não nasceu no Brasil. Foi uma imigrante italiana, trazida em criança pelos pais, em meio ao grande movimento migratório que povoou o Sul do Brasil na segunda metade do século XIX. Nesse ponto, nada há que estranhar. País de imigração, o Brasil pode muito bem se reconhecer na figura de Madre Paulina. Mas será que esta terra, que se vê a si própria como intensamente mística, não produziu mais gente santa? Há alguns anos, uma revista listava "35 causas de santos que o Brasil teria no Vaticano",[63] dos quais apenas 30 eram retratados: 12 imigrantes, italianos em sua maioria, e 18 brasileiros natos. Três apenas já haviam sido beatificados e, entre eles, a freira que acaba de ser canonizada. Mas, no ano precedente, o Vaticano promulgara também a "declaração de martírio" de um grupo que fora massacrado no século XVII. Estes mártires foram elevados à categoria de "bem-aventurados" em março de 2000. De tal maneira que parece que as coisas se estão acelerando e é possível que, até que este livro seja publicado, o Brasil venha a contar com maior número de santos e beatos oficialmente reconhecidos.

---

62. Ainda que, nos censos nacionais, o número de pessoas que se dizem católicas venha caindo regularmente. De 95%, em 1940, passou-se para 83,8% em 1991 e 73,8% em 2000 (*Jornal do Brasil*, 20/05/02).
63. Bruno Paes Manso, "Os santos da nossa casa", *Veja*, 32(14): 62-69, 07/04/99.

SANTA PAULINA
FESTEJADA A 19 DE MAIO

Amábile Lúcia Visintainer nasceu em Vígolo Vattaro, no Trentino, em 16 de dezembro de 1865. Naquela época, a região ainda era parte do império austro-húngaro, e só viria a ser integrada à Itália em conseqüência do desmoronamento do império durante a Primeira Guerra Mundial.[64] Esse extremo norte da Itália era muito pobre e a muitos dos seus moradores impunha-se a busca de uma vida melhor do outro lado do mundo.

Amábile era a segunda dos 14 filhos de Ana Pianezzer com o pedreiro Napoleão Visintainer. Com oito anos de idade, a menina já foi trabalhar numa fábrica de seda, com a tarefa de separar os casulos do bicho-da-seda.[65] Aos 10, chegou ao Brasil, quando os pais se fixaram em Vígolo, vila próxima da cidade de Nova Trento, fundada em 1857 em Santa Catarina, e que, como se vê pelo nome, congregava colonos oriundos da mesma região.

Todos falam de sua habilidade para tratar de doentes que a levou, adolescente ainda, a cuidar de uma mulher com câncer, que fora abandonada pela família. Junto com duas amigas, transformou um casebre de madeira em "casa de acolhida, pouco depois batizada pelo povo de Hospitalzinho São Virgílio", nas próprias palavras do Papa, em seu pronunciamento de canonização (*O Globo*, 20/05/02). Não havia congregação religiosa nas redondezas que pudesse acolher as jovens. Assim mesmo, elas passaram a seguir regras conventuais, o que não foi muito bem aceito na época. Como poderia uma imigrante semi-analfabeta pretender a fundação de um arremedo de congregação? Não se deixou abater e, à custa de muito trabalho e perseverança, acabou por criar, em 1895, a Congregação das Irmãzinhas da Imaculada

---

64. Lembramos que a Itália recém-unificada só foi recuperar Veneza e o Vêneto em 1866, depois da derrota austríaca pelo exército da Prússia.
65. A maior parte das informações detalhadas sobre a vida da santa foi encontrada no extenso artigo de Paula Pereira, "A Santa Brasileira", *Época*, 29/01/01, pp. 52-56.

Conceição, "primeira comunidade religiosa do Sul do Brasil", conforme declarou João Paulo II.

Foi então que Amábile tomou o nome de irmã Paulina, ou, melhor dizendo, Paulina do Coração Agonizante de Jesus, com suas amigas, irmã Inês (Teresa Maule) e irmã Matilde (Virgínia Nicolodi). De início, a congregação se sustentava pelos ganhos auferidos pela implantação de uma tecelagem de seda, no que a precoce experiência da pequena Amábile decerto teve alguma influência. Reconhecida pelas autoridades religiosas, a congregação se expandiu e, em 1903, Madre Paulina se foi para a cidade de São Paulo, onde fundou um asilo e uma casa para abrigar ex-escravos. Criou também hospitais e orfanatos em cidades do interior. Mas, em 1909, a Madre, cujo "gênio forte" é atestado por todos — sem um gênio deste, teria sido difícil implantar uma obra tão importante e pioneira! —, desentendeu-se com um bispo e foi afastada do comando da congregação.

Com humildade, passou a desempenhar as tarefas de uma simples servente em um dos hospitais da irmandade. Mas, ainda que em nível informal, manteve a liderança entre as irmãs. E a congregação aos poucos se foi expandindo, até enviar freiras em missões na África e em vários países da América Latina. Em janeiro de 2001, já totalizava 546 irmãs, e não há dúvida de que a recente canonização só irá despertar novas vocações. Hoje, existem 96 obras da Congregação no Brasil e 19 no Exterior.

Em 9 de julho de 1942, faleceu Madre Paulina, aos 76 anos, debilitada pelo diabetes, que lhe provocara cegueira e a amputação do braço direito. Foi sepultada em São Paulo, na igreja da Casa Geral da Congregação. As pessoas atendidas nos hospitais mantidos pelas irmãs foram espalhando a fama das virtudes da fundadora. O primeiro milagre se deu em 1966, quando a catarinense Eluíza Rosa de Souza, grávida, permaneceu com o feto morto no útero, teve hemorragia interna, e foi desenganada pelos médicos. Uma freira que trabalhava no hospital resolveu colocar uma imagem de Madre Paulina sobre o peito de Eluíza, que se curou. Essa cura foi oficialmente reconhecida como milagre em 1989, levando à beatificação da Madre, proclamada em 18 de julho de 1991, por ocasião da visita de João Paulo II à capital de Santa Catarina.

O segundo milagre, ocorrido em 1992 e reconhecido pelo Vaticano em 2001, deu-se com uma menina, no Acre. Iza Bruna Vieira de Souza nasceu em Rio Branco com uma doença rara, "meningoencefalocele occipital de grande porte", ou seja, um inchaço incomum do cérebro, provocando deformidade no crânio. Os médicos resolveram operar, mas com poucas esperanças de sobrevivência e grande probabilidade de seqüelas, como paralisia ou cegueira. Com cinco dias de vida, foi operada, mas logo apresentou convulsões e parada cardiorrespiratória. A menina foi batizada às pressas, e sua avó, Zaira de Oliveira, diz que, na sala de operação, colocou uma imagem de Madre Paulina, beatificada no ano precedente: "Como não era devota de nenhum santo, resolvi apelar à beata que o Papa havia consagrado. Ela salvou minha neta". A menina não só se curou como não apresentou seqüelas.

Os peritos médicos do Vaticano analisaram os exames realizados por Iza Bruna ao longo dos seus oito anos de vida e, em 2000, declararam a cura "perfeita, inexplicável e duradoura". Foi este o último passo necessário para a canonização de Madre Paulina. Para tanto, toda a Congregação das Irmãzinhas da Imaculada Conceição se empenhou e, mais especificamente, a irmã Célia Cadorin, que hoje se tornou especialista na defesa de causas de candidatos brasileiros.

A canonização de Santa Paulina foi proclamada, junto com a de outros quatro religiosos, no Domingo de Pentecostes, quando se celebra a descida do Espírito Santo nos discípulos reunidos junto com a Virgem Maria depois da morte e ressurreição do Cristo. O Papa fez questão de ressaltar que "a ação do Espírito Santo se manifesta de modo especial na vida e na missão de Madre Paulina (...). No serviço aos pobres e aos doentes, ela se tornara manifestação do Espírito Santo, consolador perfeito, doce hóspede da alma, suavíssimo refrigério". Fato notável, as próprias miraculadas compareceram à cerimônia, que contou com a presença de milhares de brasileiros, entre os quais o Presidente Fernando Henrique Cardoso.

Mas o maior regozijo, é claro, se deu em Nova Trento (SC), que recebeu perto de cem mil peregrinos. Em Vígolo, vilarejo onde a família da santa se estabeleceu, está sendo construída uma ampla igreja, além da pequena capela onde já se venerava a Madre. Sonhos grandiosos planejam a construção de uma basílica, que talvez chegue um dia a se ombrear com o santuário de Aparecida do Norte. Toda a região do Vale do Itajaí antevê perspectivas de expansão turística, o que não constitui fenômeno particularmente novo. Ao longo da Idade Média, quantas cidades não se desenvolveram em torno do afluxo de peregrinos junto às relíquias de algum santo particularmente milagreiro? Nos códigos da sociedade contemporânea, os aspectos espetaculares não poderiam ser deixados de lado. E, na televisão, foi possível ler os dizeres de amplo galhardete aberto acima da estátua da santa, em sua pequena capela: "Santa Paulina, um 'show' de graças", claramente inspirados pela muita mediática devoção a Santo Expedito...

A imprensa também relatou um episódio no qual o uso dos santos dividiu opiniões. Foi noticiado que alguns dos organizadores da célebre Parada do Orgulho Gay, no Rio de Janeiro, pretendiam desfilar com a imagem da única santa brasileira. O procurador da Arquidiocese moveu na justiça uma ação cautelar para impedir que isto acontecesse. Este seria um exemplo de apropriação de um símbolo que acabara de ganhar visibilidade e pode ser associada aos valores da sociedade de consumo que já descrevemos a propósito da devoção a alguns santos, quando o sagrado é secularizado para se reduzir à garantia da aquisição de bens para gozo imediato.

A própria figura de Santa Paulina inscreve-se contra essa utilização, pois a história de sua vida aponta para uma genuína opção pelos pobres e sofredores, além de situá-la, claramente, entre os santos que foram "gente como a gente", mas, à diferença de muitos de nós, abriu-se à graça de Deus com total humildade. E, nesse sentido, cumpre a função essencial dos santos.

BEM-AVENTURADOS NO BRASIL

O primeiro brasileiro nato a alcançar a beatificação, em 24 de outubro de 1998, foi Frei Antônio de Sant'Anna Galvão, franciscano nascido em 1739 na cidade de Guaratinguetá, então pertencente à Diocese do Rio de Janeiro, e falecido em 1822 no mosteiro da Luz, na cidade de São Paulo.

Frei Galvão era o quarto dos dez filhos do capitão-mor da cidade de Guaratinguetá, Antônio Galvão de França, natural de Faro, Portugal, com Isabel Leite de Barros, descendente de bandeirantes. Trata-se de uma família que deitou raízes na região, a tal ponto que o cientista social Carlos Eugênio Marcondes de Moura conseguiu levantar *milhares* de nomes de descendentes dos irmãos do Frei, entre os quais ele mesmo com muito orgulho se inclui. Consta que, de início, o jovem Antônio pretendia tornar-se jesuíta, mas a perseguição movida pelo Marquês de Pombal contra a Companhia de Jesus fez com que acabasse ingressando na Ordem dos Frades Menores, entrando em 1760 no noviciado do convento de São Boaventura, na Vila de Macacu, no hoje Estado do Rio de Janeiro. Ordenado sacerdote a 19 de julho de 1792, na cidade do Rio, voltou em seguida para São Paulo.

D. Eugênio Sales[66] sublinha o reconhecimento de suas virtudes, ao citar um documento dirigido, em 1798, ao Bispo Dom Mateus de Abreu Pereira e ao Senado da Câmara de São Paulo: "Este homem é preciosíssimo em toda esta Cidade e Vilas da Capitania de São Paulo; é homem religiosíssimo e de prudente conselho; todos acodem a pedir-lhe; é o homem da paz e da caridade". Um episódio de sua vida bem mostra essa dimensão: protestou contra a condenação à forca de um pobre soldado, Caetano José da Costa, que ousara esbofetear o filho do Capitão-geral de São Paulo, Martim Lopes Lobo de Saldanha, numa "briga de botequim", dizem alguns, ou para defender a namorada, conforme uma tradição mais nobre. Carlos Eugênio conseguiu localizar uma

---

66. "Frei Galvão", *Jornal do Brasil*, 05/12/98.

peça de teatro, *Caetaninho ou O Tempo Colonial*,[67] de autoria de Paulo Antônio do Vale, que retrata o infausto acontecimento e põe em cena o próprio Frei Galvão, que consola o soldado e o leva a aceitar a injusta morte com grande resignação cristã. Pois o soldado foi mesmo enforcado, e o Capitão-mor condenou o Frei à "pena do degredo", a ser executada dentro de 24 horas. Outra sentença absurda, da qual recorreram o bispo, as autoridades e o povo paulista, foi logo revogada e Frei Galvão, que já havia se posto a caminho, a pé, em direção ao Rio de Janeiro,[68] pôde voltar a São Paulo.

O protesto de Frei Galvão faz dele o padroeiro dos defensores dos direitos humanos. Em São Paulo, fundou o Recolhimento de Nossa Senhora da Conceição Divina, hoje mosteiro da Luz, onde faleceu, em 23 de dezembro de 1822, e foi enterrado. Lá tive a oportunidade de acompanhar os festejos celebrando o primeiro aniversário de sua beatificação, em outubro de 1999, e pude ser testemunha do intenso fervor dos seus devotos, escrevendo inúmeros bilhetes destinados ao Frei e depositados em cestos, aos pés do seu túmulo. Assisti também, na sacristia, à fila de pessoas desejosas de adquirir as famosas "pílulas de Frei Galvão", que até hoje são motivo de polêmicas.

Diz a tradição que foi o próprio beato que iniciou a prática, ao curar um rapaz que sofria de cólicas renais. Teria escrito em papel a seguinte oração: "*Post partum Virgo inviolata permanisti, Dei Genitrix intercede pro nobis*"[Depois do parto permaneceste Virgem intacta, Mãe de Deus, intercedei por nós]. Enrolou o papel de modo a fazer uma bolinha bem pequena, e mandou que o rapaz a engolisse. Hoje, as freiras do mosteiro da Luz recortam grandes resmas de papel com a oração, que enrolam e distribuem através do torno, que é o único meio de comunicação com a clausura. Por mais estranha que a prática possa parecer, foi por meio dela que se deu o primeiro milagre reconhecido pelo Vaticano, e necessário à beatificação, como sabemos.

---

67. Reproduzida em *Vida Cotidiana em São Paulo no Século XIX* (Moura, 1999).
68. Será que, na época, mandar um paulista para o Rio era castigo? Ou o Rio era apenas o lugar de embarque para fora do país? Que dimensões teria tido o tal "degredo"?

Em 1990, a menina Daniela Cristina da Silva foi internada com hepatite gravíssima, entrando em coma várias vezes seguidas. A família rezou uma novena a Frei Galvão, e deu também as pílulas à menina, que ficou curada. Ainda que a novena seja considerada suficiente para assegurar a intercessão de Frei Galvão, o fato é que a notícia da cura milagrosa só foi espalhar a procura pelas pílulas. Mas o Frei, é claro, tem sido intercessor de muitas outras graças, conforme declarou à imprensa a irmã Cláudia de Santa Beatriz, encarregada de anotar as graças alcançadas. Informa que, de 1930 até 1998, foram registradas 29.365 graças, de todo tipo.

O processo de beatificação foi iniciado em 1938, mas recebeu forte reforço quando a Irmã Célia Cadorin, já dedicada à causa de Santa Paulina, foi chamada pelo então cardeal-arcebispo de São Paulo, D. Evaristo Arns, para também trabalhar no caso do primeiro santo brasileiro nato. Daí por diante, é só registrar oficialmente mais um milagre, o que decerto não faltará.

Em 21 de dezembro do mesmo ano de 1998 que viu Frei Galvão subir aos altares era promulgada a "declaração de martírio" de dois grupos que foram massacrados em Cunhaú e Uruaçu (RN), em 1645, por índios convertidos ao calvinismo pelos invasores holandeses. Assegura D. Eugênio Sales[69] que "entre os bem-aventurados estão brasileiros, como o Padre André de Soveral, nascido em São Vicente, Estado de São Paulo, e também famílias como o casal Manuel Rodrigues Moura e sua mulher", sendo a maioria de origem portuguesa. Pouco mais de um ano depois, em 3 de março de 2000, esses primeiros mártires brasileiros já foram beatificados. E coube a D. Eugênio, então cardeal-arcebispo do Rio de Janeiro e natural, ele próprio, do Rio Grande do Norte, a alegria de celebrar a primeira missa dos mártires, na igreja de São Gregório VII, em Roma.

Para beatificar mártires, ao que parece, não há necessidade de milagre. Basta a comprovação documental de três constantes: morte violenta, imposta por ódio

---

69. "O sangue dos mártires", *O Globo*, 18/12/1999.

à fé e livremente aceita pela vítima. Tanto é que dois dos mortos não foram beatificados porque reagiram e mataram alguns índios. Vale a pena transcrever alguma parte das informações fornecidas por D. Eugênio, no primeiro artigo dedicado aos seus antigos conterrâneos.[70] O documento mais antigo sobre o massacre foi redigido apenas 20 dias após o ocorrido, pelo capitão e governador militar da Paraíba, Lupo Curado Garro. No dia da festa de Nossa Senhora do Carmo, a 16 de julho de 1645, os fiéis reunidos dentro da capela de um engenho de açúcar, em Cunhaú, foram todos chacinados por ordem do enviado do governo holandês, "o alemão Jacó Rabi". "Os cronistas holandeses e portugueses divergem quanto ao número de vítimas, entre 39 e 69." Outro grupo, que havia tentado a defesa de um "precário forte" à beira do rio Potengi, foi capturado e morto por "200 índios tapuias comandados pelo terrível Antônio Paraopeba, convertido ao calvinismo (...) O mais emocionante e cruel nesse martírio ocorreu com Matias (ou Mateus) Moreira. Cortaram-lhe os braços, pernas, perfuraram seus olhos, retalharam-lhe o corpo. Ao arrancar seu coração pelas costas, suas últimas palavras foram 'Louvado seja o Santíssimo Sacramento'". Atitude que se ombreia, sem dúvida, ao comportamento dos mártires dos primeiros séculos...

Ainda que pouco conhecido pela maioria dos brasileiros, há muito tempo que o episódio se constituiu em fonte de romarias para o povo da região. Existem em Cunhaú as ruínas de uma capela, que se supõe ter sido palco do massacre e foram, por isso, restauradas em 1986 e tombadas pelo Patrimônio Histórico. Situada a uns 60 quilômetros de Natal, na cidade de Canguaretama, essa capela, colocada sob a invocação de Nossa Senhora das Candeias, é regularmente visitada por devotos. Mas, de acordo com a imprensa, "não há vestígios físicos do segundo massacre. O provável local fica em uma fazenda, um lugar árido, cercado por carnaubeiras, no município de São Gonçalo do Amaranto, a 12 km de Natal".[71] O atual dono da

---

70. "Mártires brasileiros", *Jornal do Brasil*, 12/12/1998.
71. Edimilson Zanetti, "Papa beatifica hoje os primeiros mártires do país", *Folha de São Paulo*, 05/03/2000.

fazenda doou à Igreja uns seis hectares de terra para a construção de um memorial, mas, antes, escavações arqueológicas e pesquisas históricas serão realizadas. Por enquanto, só há uma cruz erguida no local presumido da matança.

O processo para declaração de martírio e ulterior beatificação "dos servos de Deus, André de Soveral e Ambrósio Francisco Ferro, sacerdotes diocesanos, e seus companheiros, mortos *in odium fidei* [por ódio à fé]", foi iniciado em 1989 com grande empenho dos prelados potiguares e, como se vê, correu com relativa rapidez, fundamentado que foi em numerosas fontes documentais, tanto portuguesas e brasileiras como holandesas. É, contudo, provável, como sublinha o próprio D. Eugênio, que muitos outros episódios ocorreram na época das invasões holandesas, quando motivações políticas e territoriais eram acrescidas de intolerância e ódio religioso. De tal modo que, hoje, os beatos do Rio Grande do Norte podem ser adequadamente chamados de "protomártires da fé".

Até o presente momento, só há mais um beato que viveu no Brasil, e se trata seguramente de uma das personagens mais fascinantes de sua história. É o Padre José de Anchieta, nascido em Laguna, perto de Tenerife, em 19 de março de 1534, e falecido em 9 de junho de 1597, no atual Estado do Espírito Santo, na cidade que fundou em 1567 e que hoje tem o seu nome. Foi, portanto, contemporâneo da primeira colonização, já que chegou ao Brasil em meio à terceira leva de Jesuítas chamada pelo segundo governador-geral, D. Duarte da Costa.

Seu pai era de uma nobre família basca, que havia se refugiado nas Ilhas Canárias para escapar das perseguições que o imperador Carlos V movera contra os defensores das franquias populares. Quando o menino estava com 14 anos, foi enviado pelo pai para a Universidade de Coimbra. Aos 18, entrou para a Companhia de Jesus, que, dois anos mais tarde, o designou para tomar parte na evangelização do Brasil. Chegando à Bahia em julho de 1553, dirigiu-se prontamente para a Capitania de São Vicente. Foi lá, "a doze léguas de São Vicente", que fundou um colégio destinado à catequização dos indígenas, no qual a primeira missa foi celebrada em 25 de janeiro de 1554. Isso se deu no dia da festa de São Paulo e, por esse motivo, a vila que se foi criando em volta do colégio tomou o nome do "apóstolo dos Gentios" e, hoje, transformada em uma das maiores cidades do mundo, celebra, nesse dia, a data de sua fundação.

Ao lado do colégio foi também erguido um seminário destinado à formação dos catequistas. A escassez de professores fez com que Anchieta se encarregasse do ensino de latim, castelhano, doutrina cristã e, mais tarde, de "língua brasílica", isto é, o tupi.

O seu objetivo principal, pelo qual, no próprio dia do seu funeral, foi proclamado "o Apóstolo do Brasil", era sobretudo a catequese dos diversos grupos indígenas. De tal modo que acabou compondo um tratado sobre a língua tupi, intitulado *Arte de Gramática da Língua mais Falada na Costa do Brasil* (1595). Chegou também a redigir pequenas peças de teatro, "conversações" ou "comédias", nas quais encenava temas da doutrina católica e casos de conversão. Pode ser, portanto, visto como um dos artesãos da reinvenção de folguedos ibéricos em terra brasileira que já assinalamos, e cuja herança ainda se pode encontrar em vários aspectos do folclore brasileiro. O Padre Anchieta foi também autor de importantes Cartas em que descrevia a flora e a fauna do Brasil, até produzir uma *Dissertação sobre a História Natural do Brasil*. Além disso, é sempre lembrado como autor de um poema em latim, redigido em homenagem à Virgem, *De Beata Virgine Dei Matre Maria*.

Aos nossos olhos, José de Anchieta é um típico homem do Renascimento, como houve tantos no século em que viveu: de curiosidade universal, erudição enciclopédica, talentos múltiplos, era literato e também homem de ação. Tanto, que sua atuação guerreira e política foi igualmente relevante, na ocasião da expulsão dos franceses do Rio de Janeiro. Não apenas acompanhou a última expedição de Estácio de Sá como, mais tarde, dedicou-se à pacificação dos Tamoios.

Primeiro, deu um chefe aos índios aliados dos portugueses, o famoso Tibiriçá, que derrotou os Tamoios. Mas chegou à conclusão que muito melhor seria entrar em entendimentos com eles e, junto com Manuel da Nóbrega, que fora membro da primeira missão dos Jesuítas no Brasil (1549), dirigiu-se para aldeias situadas perto de Ubatuba. Lá, conseguiram acertar um acordo de paz, e

Nóbrega voltou junto aos portugueses em São Vicente para que os mesmos confirmassem "as pazes combinadas", ficando Anchieta entre os Tamoios como refém. De acordo com a tradição, foi durante os meses em que era retido naquelas aldeias que Anchieta compôs o seu poema em louvor à "Bem-aventurada Virgem Maria Mãe de Deus". Homem de guerra, mas sobretudo de paz, viu atendidos os seus esforços, e pôde regressar para São Vicente, onde se tornou reitor do colégio.

Nomeado provincial do Brasil em 1577, dirigiu-se para Salvador, de onde presidiu as atividades da Companhia de Jesus por dez anos. Nesse período, visitou os colégios dos Padres e fundou seminários em várias capitanias. Na Bahia, lançou os alicerces do Colégio dos Jesuítas e mandou construir a "Casa de Recreio", isto é, de descanso, destinada aos religiosos da Companhia. É-lhe igualmente atribuída a fundação, no Rio de Janeiro, da igreja e do hospital da Misericórdia. Em 1587, pediu dispensa do cargo de provincial, resolvido a retirar-se no colégio do Rio de Janeiro. Mas foi logo chamado pelos jesuítas do Espírito Santo, lá se fixando, e fundando aldeias até o fim de sua vida, em 1597.

Diz a tradição que os indígenas[72] carregaram o seu corpo por quinze léguas, até o Colégio dos Jesuítas, onde o depositaram na capela de Santiago. Mas foi transladado para a Bahia, onde foi sepultado. Já tido como santo, foi-lhe retirada uma relíquia, para ser enviada a Roma, como primeiro passo para o processo de canonização, aberto em 1602, cinco anos apenas depois de sua morte.

Mas José de Anchieta teve de esperar quase *quatro séculos* para ser proclamado bem-aventurado, já que isso se deu somente em 1980. É claro que os percalços da história, como a expulsão da Companhia de Jesus do Brasil e a extinção da ordem no fim do século XVIII, influíram nessa demora. Foi no final da década de 1950 que Padres de São Paulo resolveram reativar o processo e, para tanto, levantaram, nos arquivos do próprio Vaticano, grande soma de documen-

---

72. Em algumas das fontes consultadas, que são as diversas enciclopédias encontradas na biblioteca da PUC-Rio, há menção de que Anchieta teria sido alcunhado, pelos índios, de "pazé-guassu" ou "payé guaçu", significando "amarra-mãos"[sic]. Não sou particularmente entendida em tupi, mas não seria, antes, *pajé guaçu*, "sacerdote grande"?

tos descrevendo as "virtudes heróicas" do jesuíta — aliás, já reconhecidas por Roma em 1736 — bem como curiosos dons a ele atribuídos. Anchieta teria possuído o dom de profetizar, de ler pensamentos alheios, e até mesmo de falar com animais. Dizem ainda que extirpou o canibalismo das aldeias indígenas que percorrera, e que também protegia a castidade das índias dos "bárbaros costumes" então em uso. Fato não menos notável, é-lhe atribuída a façanha de ter batizado dois milhões de indígenas. Esta cifra fabulosa obviamente não corresponde à realidade, mas é uma maneira algo ingênua de sublinhar a importância do papel de verdadeiro "Apóstolo do Brasil". E, com certeza, o Padre Anchieta, que na PUC do Rio de Janeiro tratamos com especial veneração, há de ser logo proclamado em sua dimensão de santo brasileiro.

Com José de Anchieta se encerra hoje o rol dos beatos ligados à história do Brasil. Mas já existe uma lista, de umas trinta pessoas, igualmente candidatas no caminho da canonização, sejam elas simples *servas de Deus*, o que significa que já se lhes pode dirigir alguma prece solicitando a sua intercessão, ou até mesmo *veneráveis*, quando "virtudes heróicas" lhes são oficialmente reconhecidas.

SERVOS DE DEUS E VENERÁVEIS

Não é muito fácil identificar e localizar os nomes de brasileiros, natos ou imigrantes, que já fizeram jus a essas qualificações. O jornalista Bruno Paes Manso, da *Veja*, que parece ter se especializado em buscas desse tipo, declara que não lhe foi possível encontrar um registro exaustivo das causas que atualmente transitam pelo Vaticano. Mas, em bem documentado artigo, intitulado "Os santos da nossa casa",[73] fornece uma série de dados que nos permitem identificar algumas características desses postulantes.

---

73. *Veja*, 32 (14): 62-69, 07/04/99. Diz Manso que "até hoje, mesmo a Conferência Nacional dos Bispos do Brasil (CNBB) não tem uma lista oficial dos candidatos brasileiros à santificação. VEJA fez um levantamento em 32 dioceses e com 23 especialistas em causas de santos (...) O país tem 35 processos sérios de canonização". Mas, talvez por dispor apenas de documentos iconográficos relativos a 30 candidatos [entre os quais os então beatos Madre Paulina, Frei Galvão e Padre Anchieta], só apresenta os dados referentes a estes, de onde tiramos as informações acima.

Dos 27 Servos de Deus e Veneráveis retratados, a esmagadora maioria é de religiosos: 89%. Sendo que, como já foi assinalado por pesquisadores do campo da hagiografia, há muito mais homens do que mulheres: 71% dos primeiros contra 29% das segundas, isso se levantarmos a proporção entre os religiosos. Dos 3 leigos identificados, a proporção se inverte, pois são duas mulheres para um homem. Mas, no conjunto dos candidatos a santos, permanece o desequilíbrio. Há exatamente o dobro de homens (18) em relação às mulheres (9).

Os brasileiros natos também predominam. São 17 ao todo, havendo quatro religiosos italianos, dois alemães, um português, um polonês, uma francesa e um holandês. Fato notável, entre os brasileiros há dois negros, o Padre Francisco Víctor e Nhá Chica (Francisca Paula de Jesus), leiga, figura algo lendária, objeto de intensa devoção popular no sul de Minas. Ambos viveram no século XIX. Será que, em tempos mais recentes, só brancos — ou vistos como tais — mostraram possuir virtudes heróicas? Mais uma vez, como ficou claro ao longo das páginas deste livro, as representações, preconceitos e injunções políticas do momento continuam tendo uma influência não-desprezível sobre o modo como a percepção de uma possível santidade se processa...

É também interessante analisar qual terá sido o campo de atuação desses candidatos a santos: a grande maioria parece ter sido de pessoas que se dedicaram aos pobres e desvalidos: o Padre José Marchetti, que com apenas 27 anos morreu de tifo em 1896, cuidava dos imigrantes que chegavam a São Paulo; no mesmo século XIX, o Padre Bento, que era de família rica, vendeu tudo o que tinha para dar o dinheiro aos pobres. O bispo de Mariana Dom Viçoso, português que aportou no Brasil em 1819, lutou contra a escravidão. Chegando aqui em fins do século XIX, vários religiosos igualmente desenvolveram obras assistenciais. Os Padres Reus e Pelágio Sauter, alemães, cuidavam de trabalhadores, assim como os italianos Frei João Pedro, que atuou em Belém, e Madre Assunta Marchetti, hoje tida como a patrona das assistentes sociais. No século XX, onde a maioria é de brasileiros natos, a opção pelos pobres é igualmente valorizada: em São Paulo, o Padre Vitor Coelho fazia programas de rádio em prol dos pobres, enquanto a Madre dos Anjos cuidava deles em Minas Gerais. A Irmã Cleusa, por sua vez, morreu assassinada no Norte, a mando de madeireiros cujos interesses desafiava. A atuação na área de saúde, especialmente da população carente, marcou o apostolado de Irmã Dulce, que criou hospitais e obras assistenciais em Salvador (BA). Em Piracicaba (SP), Madre Cecília, ou, melhor dizendo, "Mãe Cecília", fundou a Congregação das Irmãs Franciscanas do Coração de Maria, voltada para a criação de creches e hospitais em todo o Brasil. O Padre Rodolfo Komorek, de origem polonesa, cuidou de doentes em São José dos Campos (SP), nos anos 1940, enquanto o holandês Padre Eustáquio recebe a fama de haver realizado curas milagrosas nos anos 1920. E, no século XIX, destaca-se a figura do Padre José Ibiapina, que tratou de vítimas do cólera, no período das grandes epidemias que assolaram o Nordeste.

No campo da educação, igualmente dirigida à população carente, destacaram-se, no mesmo século, o Padre Francisco Victor, filho de escravos, e a Madre francesa Teodora Voiron, que, chegando em 1859 com a tarefa de tomar parte na educação da elite paulista, resolveu abrir uma escola gratuita destinada a meninas negras. No século XX, temos o exemplo do mineiro D. Lustosa, que, bispo de Fortaleza (CE), fundou inúmeras escolas. A catequese também está presente, na pessoa do italiano D. Eliseu Coroli, que foi evangelizar os índios do Pará.

Por fim, há candidatos que se destacaram pelas virtudes na vida religiosa propriamente dita: Madre Maria José, filha do historiador Capistrano de Abreu; D. Vital, bispo nomeado por Pedro II, e que teve importante papel político; o teólogo D. Gabriel Paulino Couto, paulista; D. Expedito Lopes, que, morto a tiros, perdoou o seu assassino. E também dois leigos, a jovem Albertina Berkenbrock, assassinada aos doze anos de idade por defender a sua virgindade, tal como Santa Maria Goretti; e o comerciante João Pozzobon, falecido em 1985, que deu início ao culto de Nossa Senhora Mãe e Rainha. Mas, de todos os candidatos atuais, talvez o mais carismático tenha sido o Padre Donizetti, cujas bênçãos atraíam milhares de romeiros a Tambaú (SP), a tal ponto que chegou a ser proibido pelas autoridades eclesiásticas da época — nos anos 1950 — de dar a bênção em público, por temerem a propagação de epidemias entre o povo. Fala-se em até 30 mil romeiros em um só dia. Tido como particularmente milagreiro, parece que a causa do Padre Donizetti está bem adiantada.

O leitor talvez tenha observado que a vida da maioria dos candidatos a santos, e até mesmo de beatos confirmados, tem alguma relação com o Estado de São Paulo. O fato de tratar-se do Estado mais rico da Federação deve ter lá o seu peso, pois o desencadeamento e o acompanhamento de processos de canonização no Vaticano costumam implicar custos muito elevados. E esse aspecto deve reverberar na escassez da presença de brasileiros nos altares, enquanto países que em nada sugerem ter motivos para se revelarem tão mais férteis na produção de pessoas santas, mas que gozam da proximidade de Roma, obtiveram grande número de canonizações. O esforço empreendido pelo Papa João Paulo II, no sentido de multiplicar as canonizações, o que sugere maior agilidade dos processos e, obviamente, dispêndios um pouco menores de energia e gastos, talvez consiga reverter, aos poucos, desequilíbrios por ora gritantes.

Pois devem existir, nos conventos e nos rincões do interior do Brasil, muitas pessoas das quais a vida poderia ser dada em exemplo aos cristãos tíbios que somos, para nos incentivar no caminho de um pouco mais de humildade e de disponibilidade, diante dos desígnios de Deus. Em Florianópolis, na oportunidade da beatificação de Madre Paulina, o Papa declarou, em 18 de outubro de 1991: *"Mais uma vez vos digo: o Brasil precisa de santos, de muitos santos!"* Estamos esperando...

Em 23 de agosto de 2002,
Dia de Santa Rosa de Lima,
Primeira santa da América Latina,
Canonizada em 1671.

Os editores e a autora registram aqui
sua gratidão às Igrejas que permitiram
o registro das imagens aqui reproduzidas.

REFERÊNCIAS BIBLIOGRÁFICAS

A *BÍBLIA SAGRADA* (1969). Rio de Janeiro: Sociedade Bíblica do Brasil.

ABIFADEL, Bruno (2000). *As faces da Virgem.* Monografia de Conclusão do Curso de Psicologia, Rio de Janeiro: PUC-Rio, 27 p.

ARAÚJO, Alceu M. (1964). *Folclore Nacional.* São Paulo: Melhoramentos, 3 vols.

AUGRAS, Monique (1988). "Imaginaire et altérité: rois et héros de l'histoire de France dans les cultes populaires brésiliens". *Bulletin de liaison des Centres de Recherches sur l'Imaginaire.* Dijon/Grenoble, hors-série n°1: 12-23.

_____ (1989). "É negra a Virgem do Rosário". *Folhetim*, UFJF, 3: 50-52.

_____ (1994). "Os gêmeos e a morte: Notas sobre os mitos dos *Ibeji* e dos *Abiku* na cultura afro-brasileira". In: C.E.M. de MOURA (org.). *As Senhoras do Pássaro da Noite.* São Paulo: Axis Mundi/EDUSP, 73-84.

_____ (2000). *Existências lendárias: Hagiografia e subjetividade.* Relatório CNPq, Rio de Janeiro: PUC-Rio, 182 p.

_____ (2001). "Maria Padilla, reina de la magia". *Revista Española de Antropología Americana*, 31: 293-319.

_____ (2001/2). "Secours d'urgence: le 'show' de Saint Expédit". *Société — Revue des Sciences Humaines et Sociales*, 72: 125-137.

BANDEIRA, Manuel (s/d). *Guia de Ouro Preto.* Rio de Janeiro: Ediouro.

BARDY, Cláudio (1965). "O século XVIII". In: F. NASCIMENTO SILVA (org.). *Rio de Janeiro em seus quatrocentos anos.* Rio de Janeiro/São Paulo: Record, 80-101.

BEAUDE, Pierre-Marie (1993). *Premiers chrétiens, premiers martyrs.* Paris: Gallimard.

BENTLEY, James (1997). *A Calendar of Saints.* London: Little, Brown and Company.

BONO, Salvatore (1998). "Un saint africain pour Palerme!". *L'Histoire*, 222: 16.
BOFF, Leonardo (1979). *O rosto materno de Deus*. Petrópolis: Vozes.
BRANDÃO, Carlos R. (1979). *Deus te salve: Casa Santa! — Rituais religiosos do Catolicismo popular em São Paulo e Minas Gerais*. Rio de Janeiro: FUNARTE.
CÂMARA CASCUDO, Luis (1962). *Dicionário do Folclore Brasileiro*. Rio de Janeiro: MEC/INL, 2 vols.
CAMILLERI, Andrea (2002). *Um mês com Montalbano*. Rio de Janeiro: Record.
CASSAGNES-BROUQUET, Sophie (2000). *Vierges Noires*. Rodez: Éditions du Rouergue.
CERTEAU, Michel de (1982). "Uma variante: a edificação hagiográfica". In: *A escrita da história*. Rio de Janeiro: Forense Universitária, 266-278.
CHEVALIER, Jean. & GHEERBRANT, Alain (1974). *Dictionnaire des Symboles*. Paris: Seghers, 4 vols.
CORBIN, Henri (1981). *Le paradoxe du monothéisme*. Paris: L'Herne.
DALARUN, Jacques (1991). "Madeleine". In: G. DUBY & M. PERRO (org.). *L'Histoire des femmes en Occident* — 2. Le Moyen Âge, Paris: Plon, 143-156.
DAMATTA, Roberto (1979). *Carnavais, malandros e heróis*. Rio de Janeiro: Zahar.
DANTAS, Beatriz G. (1976). *Chegança*. Rio de Janeiro: FUNARTE.
_____ (1988). *Vovó Nagô e papai branco*. Rio de Janeiro: Graal.
DEBRET, Jean-Baptiste (1978). *Viagem Pitoresca e Histórica ao Brasil*. São Paulo: EDUSP, 2 vols.
DELEHAYE, Hippolyte (1927). *Les légendes hagiographiques*. Bruxelles: Société des Bollandistes.
Dictionnaire d'archéologie chrétienne et de liturgie (1931), Paris: Letouzey et Ané, 15 vols.
Dictionnaire d'histoire et de géographie ecclésiastiques (1924/1963), Paris: Letouzey et Ané, 15 vols.
Dictionnaire de théologie catholique (1939), Paris: Letouzey et Ané, 18 vols.
DUBY, Georges (1996). *Dames du XII siècle — III Ève et les prêtres*. Paris: Gallimard.

DURAND, Gilbert (1995). *A fé do sapateiro*. Brasília: UnB.

_____ & SUN, Chaoying (2000). *Mythe, thèmes et variations*. Paris: Desclée de Brouwer.

DUQUE ESTRADA, Antônio N (1997). *A igreja de Santo Elesbão e Santa Ifigênia*. Folheto. Rio de Janeiro: IPHAN.

EDMUNDO, Luiz (s/d). *O Rio de Janeiro no tempo dos Vice-reis*. Rio de Janeiro: Athena. *Enciclopedia Cattolica* (1954). Cittá del Vaticano/Firenze: Sansoni, 12 vols. *Enciclopedia Italiana di Scienze, Lettere ed Arti* (1949). Roma: Instituto Poligrafico Dello Statto, 40 vols.

EWBANK, Thomas (1973). *A vida no Brasil*. Rio de Janeiro: Conquista, 2 vols.

FREYRE, Gilberto (1998). *Casa-Grande e Senzala*. Rio de Janeiro: Record.

GERALDES, Renato T (1999). *Santo Expedito: "Um show de graças"*. São Paulo: Edit. Santo Expedito Ltda.

GERSON, Brasil (1959). *História das ruas do Rio de Janeiro*. Rio de Janeiro: Secretaria Geral de Educação e Cultura [Uma edição "definitiva" foi publicada em 2000, pela editora Lacerda].

GOMES, Núbia Pereira de M. & PEREIRA, Edimilson de A (1988). *Negras Raízes Mineiras — Os Arturos*. Juiz de Fora: EDUFJF.

_____ (1989). *Assim se benze em Minas Gerais*. Belo Horizonte: EDUFJF/Mazza.

Grande Enciclopédia Portuguesa e Brasileira (1960). Lisboa: Editorial Enciclopédico, 40 vols.

GUASTALLA, Salvatore (1986). *Santo Antônio de Categeró*. São Paulo: Paulus.

GUÉRIN, Paul (org.) (1880). *Les Petits Bollandistes*. Paris: Blond et Barral, 17 vols.

HOBSBAWM, Eric. & RANGER, Terence (1997). *A invenção das tradições*. Rio de Janeiro: Paz e Terra.

LE GOFF, Jacques (1981). "Vita et pre-exemplum dans le deuxième livre des 'Dialogues' de Grégoire le Grand". In: *Hagiographie, Culture et Sociétés, IV-XII siècles*, Paris: Études Agostiniennes, 105-120.

_____ (1982). *La civilisation de l'occident médiéval*. Paris: Flammarion.

MACEDO, Joaquim Manuel de (1966). *Um passeio pela cidade do Rio de Janeiro*. Rio de Janeiro: Edições de Ouro.

MAISONNEUVE, Henri (1989). *L' Inquisition*. Paris: Desclée.

MEDEIROS, Bartolomeu F. T. de (1994). São Sebastião/Oxóssi e São Jorge/Ogum do Rio de Janeiro: relações entre arquétipos. *Comunicações do ISER*, 13 (45): 44-60.

MEGALE, Nilza B (1979). *Invocações da Virgem Maria no Brasil*. Petrópolis: Vozes.

MELLO, Evaldo C. de (1997). Rubro Veio — *O imaginário da restauração pernambucana*. Rio de Janeiro: Topbooks.

MOTT, Luiz (1993). *Rosa Egipcíaca — Uma santa africana no Brasil*. Rio de Janeiro: Bertrand Brasil.

_____ (1996). "Santo Antônio, o divino capitão-do-mato". In: J. J. REIS & F. DOS SANTOS GOMES (org.). *Liberdade por um fio: história dos quilombos no Brasil*. São Paulo: Companhia das Letras, 110-138.

MOTTA & SILVA, Darwin B. (1958). *Cidade do Salvador*. São Paulo: Companhia Editora Nacional.

MOURA, Carlos Eugênio M. de (1997). "Religiosidade africana no Brasil". In: EMANUEL ARAÚJO et al. *Arte e religiosidade no Brasil — Heranças Africanas*. São Paulo: Pinacoteca do Estado.

_____ (1999). *Vida Cotidiana em São Paulo no Século XIX*. São Paulo: UNESP.

New Catholic Encyclopedia (1967). New York: Mc Graw & Hill, 15 vols.

NINA RODRIGUES, Raymundo (1900). *L'animisme fétichiste des nègres de Bahia*. Salvador: Reis.

ORTEGA, Maria Helena S. (1988). *La Inquisición y los gitanos*. Madri: Taurus.

PAUWELS, Louis (1978). *Comment on devient ce que l'on est*. Paris: Stock.

RIBEIRO, René (1982). *Antropologia da religião e outros estudos.* Recife: Fundaj/Massangana.

RODRIGUES, Cláudia (1997). *Lugares dos mortos na cidade dos vivos.* Rio de Janeiro: Secretaria Municipal de Cultura.

QUENOT, Michel (1991). *L'icône.* Paris: Cerf.

SAINT-SAENS, A (1990). Contraintes et libertés du sculpteur espagnol après le concile de Trente. *Figures,* 5: 109-125.

SCARANO, Julita (1978). *Devoção e escravidão.* São Paulo: Cia. Editora Nacional.

SILVA, Ricardo M. da (1996). *São Sebastião do Rio de Janeiro — Religiosidade e segurança no século XVI.* Dissertação de Mestrado em História. Rio de Janeiro: PUC-Rio.

SOUZA, Juliana Beatriz A. de (1996). "Mãe negra de um povo mestiço: devoção a Nossa Senhora Aparecida e identidade nacional". *Estudos Afro-Asiáticos,* 29: 85-102, março.

VAIL, Anne (1998). *A História do Rosário.* São Paulo: Ed. Loyola.

VAINFAS, Ronaldo (1997). *Confissões da Bahia.* São Paulo: Companhia das Letras.

_____ & SOUZA, Juliana Beatriz A. de (2000). *Brasil de todos os Santos.* Rio de Janeiro: Jorge Zahar.

VARAZZE, vide VORAGINE.

VAUCHEZ, André (1981). "L'influence des modèles hagiographiques sur les représentations de la sainteté dans les procès de cannonisation (XII-XV siècles). In: *Hagiographie, Culture et Sociétés, IV-XII siècles.* Paris: Études Agostiniennes, 585-596.

VIANA, Hildegardes (1960). *Festas de santos e santos festejados.* Salvador: Progresso.

VORAGINE, Jacques de [Jacopo da Varazze] (1967). *La légende dorée* [*A Lenda Áurea*]. Paris: Garnier-Flammarion, 2 vols.

ZOPPI, Vergílio (1996). *Vida de Santa Edwiges.* Goiânia: Gráfica e Editora América.

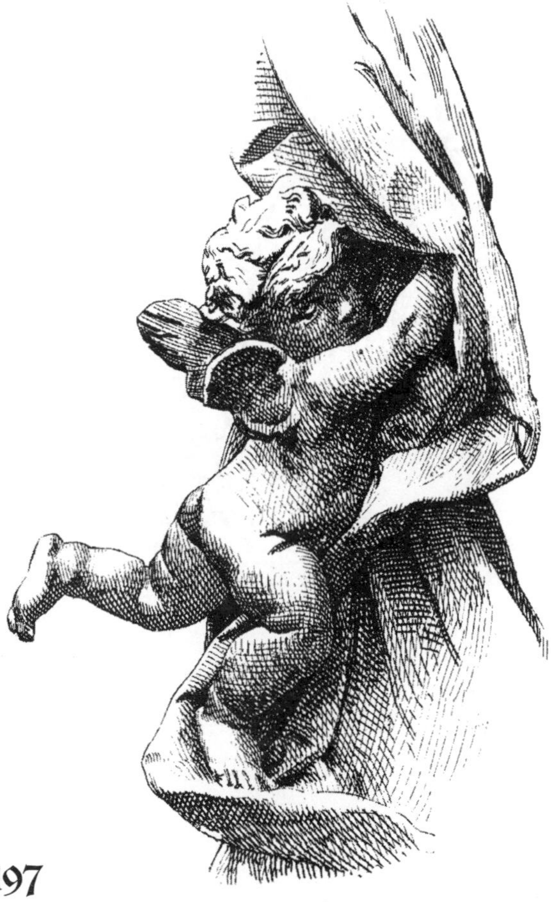

Este livro foi composto na tipologia Frutiger 55 Roman, o corpo 10,5, entrelinha 17. Impresso em papel off set, 75 g/m^2. Capa impressa em papel Cartão Supremo, 250 g/m^2.

Impresso nas oficinas da
Gráfica Palas Athena